「哲学」思考法で突然頭がよくなる!

小川仁志
Hitoshi Ogawa

JIPPI Compact

実業之日本社

［はじめに］

最新の思考法で難しい問題を解決する

新しいアイデアを世界に向けて発信するイベント「ＴＥＤ」（日本ではＮＨＫの「スーパープレゼンテーション」という番組で紹介している）が、たくさんの人に認知されるようになってきました。

ＴＥＤのコンセプトが多くの人に広がっている理由は、世の中を変える新しい発想を紹介している点にあるといえます。

経済の成熟期に入った日本にとって、イノベーションの必要性はもはや共通認識になっていますが、それを可能にするのは、従来とはまったく異なる新しい発想なのです。ＴＥＤではＴ＝テクノロジー、Ｅ＝エンターテインメント、Ｄ＝デザインという頭文字の通り、テクノロジーを中心とした新しい発想の開拓に努めています。

そこで本書では、私の専門である「哲学」を、このＴＥＤのコンセプトに応用することによって、新しい発想を生み出すための新コンセプト、いわば「ＰＥＤ」を提案したいと考えています。ＰＥＤのＥとＤはＴＥＤと同じですが、ＰはPhilosophy（哲学）を意味しています。つまり、**哲学を活用することによって、新しい発想法を生み出そう**というわけです。

哲学をビジネスや勉強に使える思考として応用する試みは、ベストセラーとなった拙著『7日間で突然頭がよくなる本』（ＰＨＰ研究所）ですでに実践済みです。哲学の思考法がビジネスにも応用可能であり、かつ有効であることは、多くのビジネスパーソンも認めているわけです。

そこで今回は、まだみんなが知らないと思われる31の新しい思考法を提示してみました。目次を見ていただければわかると思いますが、いずれも世の中のトレンドと哲学の英知を組み合わせたエキサイティングなものばかりです。

だからといって、決してテクノロジーやビジネス用語の説明をするのが目的ではありません。そこからいかに思考へとつなげていくかというところがポイントなのです。**新しい出来事の本質を見極め、個々の技術や現象を超えて、発想そのものを普遍的な形で思考として提示する。それが本書のコンセプトです。**

そういう視点で見てみると、最新のテクノロジーに限らず、身のまわりにあるものや、私たちの日常そのもの、そして抽象的な概念などの中にも、思考法として活用できる事柄がたくさんあります。今回はそれらも思考法として再構成してみました。

ビジネスの簡単な問題はＭＢＡのツールで解決するかもしれません。しかし、人生のさまざまな応用問題はそうはいきません。まさに哲学的考察が求められてくるのです。本書はそんなニーズに応えようとするものです。

補講を除くとちょうど三一項なので、細切れ時間を使って一日一つずつ覚えても、一カ月で新思考が完全にマスターできます。一カ月で生まれ変われるなんて素敵だと思いませんか？　知に貪欲なあなたに、最先端の思考をお届けします。

ぜひ今日から始めてみてください！

小川仁志

Contents

第2週

「身の回りのモノ」を思考の道具にする

アイデアで有利に勝負できる

第3週

「日常」を思考の道具にする

自分の価値を高められる

第4週

「抽象的なもの」を思考の道具にする
物事の本質を見極められる

補講

新しい思考を生み出す10のレッスン

第1週

「テクノロジー」を思考の道具にする

情報が強靭な武器となる

1

接続して、拡散する
――クラウド化［クラウド×ドゥルーズ］

ネット時代に使える思想とは？

クラウドとはクラウド・コンピューティングとも呼ばれるように、ＩＴの世界の用語で、ユーザーがインターネット上のサーバーを介して作業する仕組みのことを指しています。あたかもさまざまなサービスが雲（クラウド）の中に包まれているようなイメージです。

クラウドの特徴は、このようにインターネット上のサーバーを介して作業をする点です。したがって、個々のユーザーのパソコンの能力やデータの量はあまり問題になりません。**むしろ自らが接続しているネットワークを、フルに活かせるかどうかが問われてくる**のです。「所有から利用へ」といわれるゆえんです。

たしかに、インフラのようにインターネット上のサーバーなどを利用することができれば、誰でもパソコン一つで大きな仕事ができます。それはあたかもグーテンベルクの活版印刷術によって、誰もが本を読めるようになったのに似ています。学歴や家柄を問わず誰でも成功できる世の中になったのですから。今ではこのクラウドの発想を使って、多くのビジネスが誕生しています。

面白いのは、ネットワークを利用してクラウド化すると、仕事の可能性が文字通りネットワーク状に広がっていくことです。インターネットは閉じられた世界ではありません。そのため、インターネット上で展開される仕事は、どこまでも拡散していくのです。

しかも、決して一系統ではなく、**無数に枝分かれした状態で、どれが幹ともわからないような広がり方**をするのです。**フランスの思想家ドゥルーズ**らは、そのようにネットワーク状に物事が展開していく様を**リゾーム**と呼びました。もともとは根状の茎を表す語で、太い幹から枝分かれする樹状型のトゥリーに対置されるものです。クラウド化は、まさにそんな終わりも始まりも中心もないリゾームに似ています。

リゾームはまた、**自由で横断的な接続を繰り返すことで異種混交を生み出していく**といいます。この点もクラウド化に似ているといえるのではないでしょうか。ネットワーク上での新たな出会いが、新たなビジネスチャンスにつながるわけですから。

素人でも他人の力で大成功できる

そこで、このクラウド化を思考に応用してみたいと思います。

まず、自分で高度な機能や大量のデータを準備しなくていいクラウド化のメリットを応用しましょう。つまり、何をする際にも、自分ですべて材料をそろえたり、能力を身につけたりするのではなく、外部のリソースやインフラを利用するのです。それは設備でも人でもいいでしょう。

そうすると、**より手軽に新しいことを始めることができます**。**初期投資のようなものが不要になるからです**。もちろんある程度のノウハウは必要だと思われますが、それも完璧である必要はありません。専門的知識や経験さえも、クラウド化の発想を応用すると外部に委ねることができるのです。身近な例でいうと、友人や職場の先輩、あるいは外部の専門サービスを利用すればいいのです。

とりわけこの部分は完璧主義の傾向があり、他者に遠慮がちな日本人には不可欠だと思われます。あえてわかりやすくいうと、**クラウド化とは素人が他人を利用して大成功するモデル**でもあるのです。

ＭＩＴメディアラボの所長・伊藤穰一さんは、インターネットにおける即時調達性に着

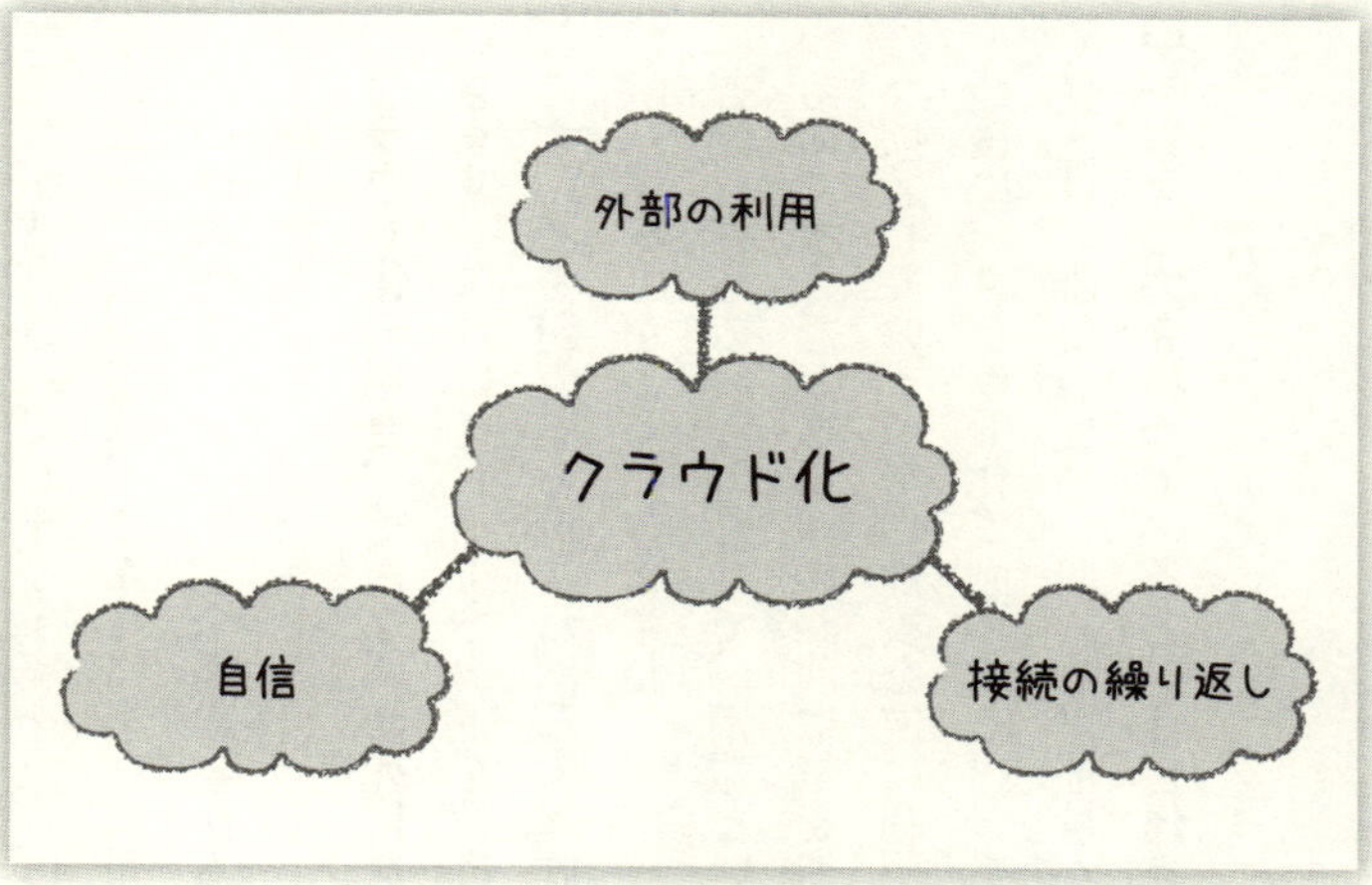

目して、従来型の発想を転換する必要を訴えています。つまり、**準備に時間をかけるより、即やってみよう**というわけです。なぜなら、今や技術上それが可能な時代だからです。そのことを〝**Deploy or die**〟（**実装なき者に明日はない**）と表現しています。これは私の主張するクラウド化思考にもそのまま当てはまるコンセプトであるといえます。

次に、ネットワークの中でどんどん接続を繰り返していく特徴を応用しましょう。クラウド化の場合、ネットワークを活用するので、自分のあずかり知らないところで、次々と自分自身が他者に接続されてしまうわけです。

これはインターネット上で情報を発信すれば、知らず知らずのうちに、不特定多数の人にそれが共有されてしまう事実を見ればわかるでしょう。しかも瞬時にそれが起こります。考えようによっては、こんなに楽な情報の拡散手段はありません。何かを人に知らせるというのは大変なことです。企業の宣伝も政治家のＰＲも、なりふり構わず必死になってやっていますよね。

クラウド化の場合、そんなに必死にならなくても、ひとりでに外部に接続し、拡散していきます。これはインターネットを使う場合だけでなく、公共の設備や人を使う場合も同じです。図書館で本を借りればその履歴が残りますし、人にものを頼めば、口外を禁じない限り噂が広がっていきますね。

普段意識していないだけで、情報というのは、放っておくと広がっていく性質を持っているのです。だから情報の漏洩《ろうえい》に気を遣うよういわれるのです。クラウド化の場合は、そんな拡散していく情報の性質を逆に利用しようというわけです。

最後に、クラウド化で成功するベンチャー企業家が多いように、外部のリソースをうまく使えば、誰でも成功を収める可能性が高まる点を応用しましょう。つまり、**自分は世の中を変える力を持っているという自信を持つ**のです。文字通り雲（クラウド）を使って、「雲のうえの存在」にもなれるということです！

2

接続し複雑なプロセスはすっ飛ばす

――3Dプリンター思考【3Dプリンター×カント】

「リアルになる」という魔法

3Dプリンターの登場により、ものづくりの世界に革命が起こっています。何しろ二次元のデータから、三次元の立体の形をつくり上げることができるのですから。一九九〇年代から実用化されていたそうですが、個人が使えるような手ごろな値段のプリンターが出回り始めたのは最近のことです。

メリットとして挙げられるのは、簡単に試作品がつくれること。金型をつくって本格的なプロトタイプを作製するのには、お金も時間もかかります。3Dプリンターを使えば、それがいとも簡単にできあがるのです。

ものづくりにおいて、時間とコストが削減できるというのは、それだけでも革命です。一般の人にとっては、手軽に二次元の絵を立体にできるという喜びがあります。子どもの頃、３Ｄメガネを使った「飛び出す絵本」というのがありました。いつもわくわくして見ていたのを思い出します。

二次元のものが立体として現れるというのは、それだけすごい変化なのです。子どもにとっては魔法です。いや、大人にとっても、３Ｄプリンターが実現していることは魔法に近いものがあります。

なぜこの魔法が私たちを興奮させるのかというと、「リアルになる喜び」です。**立体になるということは、リアルになるということでもある**からです。そしてリアルさを突き詰めれば突き詰めるほど、応用分野も広がっていくことでしょう。

実際、医療の分野では、一人ひとりに合わせたギプスの製作、義手の製作、手術に役立てるための患者の臓器の再現などが行われています。

もちろん、その反面、手軽にリアルなものが手に入ることが問題になっている部分もあります。

たとえば、殺傷能力のある銃をつくったというように、すでに銃刀法違反容疑で逮捕者まで出ています。

そういった倫理面も含め、これから３Ｄプリンターについてはますます議論がされていくことになると思います。

理想を実現可能にするのは想像力

さて、そこでこの３Ｄプリンターの発想を思考に活用してみたいと思います。まずいえるのは、立体化することを念頭に置くと、なんでもリアルに考えられるという点です。**３Ｄプリンター思考はリアル思考でもある**のです。

これはなにも難しいことではありません。もともと人間には、空間把握能力が備わっているのですから。**ドイツの哲学者カントは、時間と空間の概念が備わっているからこそ、人間は物事を理解することができるのだといっています。**つまり、空間把握は、人間に生まれつき備わったモノサシのようなものなのです。これまでは、それを活かす場面が少なかっただけなのです。３Ｄプリンター思考のおかげで、私たちの空間把握能力は研ぎ澄まされていくのではないでしょうか。

もっとも、対象がリアルになることを前提にすると、アイデアも細部までしっかりと詰める必要が出てきます。立体化したらどうなるかということまで考慮に入れると、意外と非現実的な発想というのはあるものです。

レオナルド・ダ・ヴィンチの残した設計図の中にも、実際に立体化すると役に立たないものがあるといいます。ところが３Ｄプリンターは、そうした問題をもクリアしてしまいました。なぜなら、３Ｄプリンターは数式から物をつくるわけではなく、すでにあるものをプリントするわけですから、そのような緻密な計算は不要なのです。あたかもカメラで写真を撮るかのように、私たちが見たままを忠実に再現してくれるわけです。

３Ｄプリンターを使った製品開発で有名なシンギュラリティ大学のアヴィ・ライシェンタルは、複雑さをものともしない点をメリットとして強調します。これは思考としての3Ｄプリンターの特徴にもなりえます。つまり、**複雑なプロセスをすっ飛ばして、イメージすることが大切**なのです。

緻密な計算が不要になれば、私たちに求められるのは、「あれを立体化したらどうなるだろうか」という想像力だけです。その意味で3Ｄプリンター思考にとって大事なのは、想像力であるということができるでしょう。

あるものがそのまま形になるとしたらどうなるか。しかもすぐにそれが実現するとしたら。そういう思考は、今までファンタジーの世界に閉じ込められていました。ところが、それを実践的な思考として活用する時代が来たのです。だから**３Ｄプリンター思考は、計算の得意な人より想像力のある人のほうが向いているかもしれません。**

といっても、決して難しいことではありません。自分の好きなものが形になったらどんなにうれしいだろうか。そんな想像をしてみるだけでいいのです。フィギュア人形というのは、そういう願望が形になったものです。アニメだけでなく、写真でもいいじゃないですか。結婚式の写真から、新郎新婦のフィギュアをつくってくれるサービスもあるようです。

死んだペットの等身大のフィギュアが欲しい人もいるのではないでしょうか。そんなこともすでに可能なのです。お台場の実物大ガンダムが人気ですが、プリンターのサイズさえ大きくなれば、ああいうのも自分でつくれるようになるのです。実物大のＦ１レースカーなんてつくってみたくありませんか？

そんなこれまでは不可能だった夢を可能にし、ニッチを探り当てる。３Ｄプリンター思考の本質は、この部分にあるのかもしれません。**いわば不可能を現実の形にする思考**なのです。

そういえば、私の主宰する「哲学カフェ」でこの話をしたときに、参加者の一人が「瞬間移動」さえも可能になるのではないかといっていました。つまり、同じ素材があれば、インターネットを通してデータを送るだけで、３Ｄプリンターによって瞬時にまったく同じものを再現することができるのですから。これってある意味で、物体が瞬間移動したのと同じことになると思いませんか⁉　不可能と思われていた瞬間移動をも可能にする３Ｄプリンター、恐るべし……。

3 情報を大胆に選択する
――ウエアラブル化【ウエアラブル×メルロ＝ポンティ】

常にオンの状態が続く

スマートフォンの次に注目されているものが、ウエアラブルです。ウエアラブルとは、身に着けることができるという意味ですが、文字通り身に着けることのできる情報端末を指しています。

グーグルが開発した眼鏡型の端末・グーグルグラス（スマートグラス）や、アップルの腕時計型端末・スマートウオッチをはじめ、ランニング用のリストバンドや、アクセサリーに着けられるコイン型の端末、Tシャツやロボットスーツまで、いろいろなタイプのものが開発されています。

スマートフォンとの決定的な違いは、**わざわざスイッチを入れたり、暗証番号を押してログインするのではなく、常にオンの状態になっている**ことです。もちろん、スマホもずっとオンにしている人はいますが、一応電話ですから、四六時中持ち歩いているわけではありません。

ところが、メガネや腕時計のような小物は、生活必需品であって、起きている間はずっと身に着けているところが大きな違いです。しかも、すぐに見ることができる状態にあるわけです。

たとえばスマートグラスが当たり前になると、いちいち目を離したり、手を使わなくても情報を検索し、閲覧することができます。運転中操作できるだけでなく、調理中もレシピを見たり、医師が手術中にモニターを見ることもできます。

スマートウオッチに関しても、脈拍や血液の管理を二四時間自動でできるかもしれません。眼鏡をかけない人でも時計なら使い勝手がいいと思います。

また、人間だけでなく、動物や人工物に着けて観察することで、生態系のデータが得られたり、環境のモニタリングをしたり、それこそ事故や犯罪の防止に役立てることができるかもしれません。

当然この便利さは、危険の裏返しでもあります。容易に想像できると思いますが、いくらでも悪用可能なのです。そもそもこうしたツールはこれまでスパイ用具として実際に使われてきました。それがおおっぴらに、しかも誰もが使うことになるのですから、考えただけでもおそろしくなります。周りがスパイだらけだなんて。

スパイなどというと非現実的ですが、もし警察や学校、家族があなたの行動をすべて監視していたとしたらどうでしょう？　イヤですよね。プライバシーもなにもあったものではありません。

そこまで複雑に考えなくても、カンニングが増えたり、わき見運転が増えたりするかもしれません。すでに問題になったのですが、技術上はポルノを見るなどということも可能なわけですから。そんなものを見ながら運転していたら危険でしょうし、その映像と自分を重ね合わせられていたら、気持ち悪いですよね。

実際、こうした様々な問題が判明し、グーグルグラスの一般向け製品販売は中止になりました。

体が進化するのと同じこと

しかし、そうした問題を超えて、この技術は私たちの生活を大きく変える可能性を秘めています。だからこそ、**ウエアラブルを前提とした思考法**を提案したいと思うのです。

まず、基本的に体が進化するのだと考えたほうがいいでしょう。

フランスの思想家メルロ＝ポンティは、意識と外の世界とのインターフェイスとして体をとらえました。だから**体次第で、外の世界に与える影響も、逆に外の世界から与えられる影響も変わってくる**のです。

ということは、ウエアラブルのような技術が体の一部として私たちの体を進化させたとするならば、一人の人間が外部の世界に対して与える情報量も相当のものになりますし、また外から意識が受ける影響も相当の情報量を伴っているということになるわけです。

それはもう**コンピュータが自分の体と一体化したようなものなのです。**言い換えると、

日常の情報の受発信そのものが、自分の頭では処理しきれないレベルのものになるということです。だからこそ情報処理が重要になってきます。大量の情報をいかに手際よく大胆に取捨選択していくか。ウエアラブル思考に求められるのは、むしろそんな情報選択能力なのかもしれません。

つまり**ウエアラブル思考が従来の思考とまったく異なるのは、情報ソースに制限と限定がないこと**です。情報ソースは無限にあって、身の回りのものすべてが情報になるわけですし、またこれが情報ですというふうに限定された状態で提示されることもなくなるわけです。

これは情報というものとのつき合い方がまったく変わることを意味します。

言い換えると、グーグルグラスから見た情報はもはや特別なものではなく、文字通り目の前に広がるただの景色のような存在になるわけです。景色から情報を読み取る感性、ウエアラブル思考にはそうしたセンスも求められるでしょう。

ちなみに、眼鏡も腕時計もしない人はどうなるのかということですが、私の場合、指輪でさえ身に着けたくないので、困ってしまいます。目もいいのでコンタクトも不要です。こういう人にとっては、何も身に着けなくても、空中に画面が出てくるようなＳＦの世界を待つしかありませんね。でも、これももはやSFではなく、開発されているようです。以前、シックスセンスという名前で、TEDのプレゼンで紹介されていました。ウエアラブルの次はノンウエアラブルということでしょうか⁉

4

相手の心を意のままに動かす
──YouTubeエフェクト【動画×ベーコン】

媚薬のように相手を引き込む

「映像を見るなら、テレビよりもYouTube」という人が増えています。

読者の中にも、そんな方が多いのではないでしょうか。話題の映像が時間や場所を選ばず、手軽に視聴できるYouTubeは、すっかり日常に浸透しました。

ライバルはテレビだけではありません。YouTubeには個人の趣味でアップしたマニアックな映像もありますし、プライベートの公開ともとれる映像もあります。その意味では、本やDVDなどもライバルといえるでしょう。

何より、自分自身も動画をアップして、チャンネルを持てるというすごいメリットもあります。自分が動画メディアの送り手になれるわけです。YouTubeで稼ぐプロのユーチューバーもいるくらいです。

動画には静止画像や言葉以上の視覚的インパクトがあります。ここが一番のポイントです。**イギリスの思想家フランシス・ベーコン**は、人間の感覚を曇らせる「イドラ」という概念について論じています。これは「臆見《おっけん》」などと訳され、いくつか種類があるのですが、中でも「劇場のイドラ」と呼ばれるものは、あたかも劇を見た直後のように、影響を受けてしまうという内容です。

劇のインパクトは大きいので、その影響によって物事を正しく見ることができないというわけです。ベーコン自身は、そんなイドラを退けて、正しく物を見ないといけないといっているのですが、逆にこれを活かすことも可能だと思うのです。

つまり、劇を見て影響されるなら、**自分の都合のいい劇を見せて、うまく相手の心をつかむ**のです。そう、YouTubeの映像は今でいう劇なのです。たしかに映画を観た後は、影響を受けますよね。主人公になりきってしまったり。

近頃のプレゼンでは、簡単な動画をつくって、一気にその世界に引き込むということも行われています。ストーリーをつくり、音楽をつけて、まるで媚薬のように自分の用意した世界に引き込むわけです。

これは人を惹きつける手法であって、何も悪いことではありません。むしろ新しい世界に興味を持たせてあげるきっかけづくりをするわけですから、感謝されてしかるべきでしょう。

私自身、ＹｏｕＴｕｂｅサーフィンによって、毎日のように新しい世界を手軽に知ることができています。ＹｏｕＴｕｂｅの場合、一つひとつの動画が短いので、簡潔に新たな世界を知ることができるのです。皆忙しい時代なので、この短さも利点といえます。

これだけのメリットがあるわけですから、撮影するツールや、動画を編集するツールの進化に合わせて、今後ますます動画を使って自己を表現する機会は増えていくことでしょう。アメリカのカリフォルニアにある未来研究所（ＩＴＦＴ）も、将来的な成功に欠かせないスキルの一つとして、動画ツールを活用する力を挙げています。

そこで、この動画の効果を思考として活用する方法を提案したいと思います。それは、**何でも動画化して、人の心を動かす**ということです。名づけて「ＹｏｕＴｕｂｅエフェクト」。人の感情や頭に抱くイメージはもちろんのこと、**観念のような抽象的なものもすべて動画化する**のです。

現実の制約を超えた発想

なんでも動画で表現したらどうなるか考えてみてください。動きのあるものだけでなく、静止しているものも、目に見えないものも含めて。それはきっと時間を止めたり、巻き戻したりする作業を伴うことでしょう。現実の世界では起こり得ないことが、動画の世界では可能になるのです。ということは、**頭の中でも現実の制約を超えて、柔軟で面白い発想ができるようになるはず**です。**つながるはずのないものをつなげたり、止まるはずのないものがとまったり**というふうに。

この場合、仮に動画化せずとも、動画化したらどう表現できるか、どう伝わるかを考えてみるだけでもいいと思います。時間を動画で伝えるとどうなるか。そういった視点を持

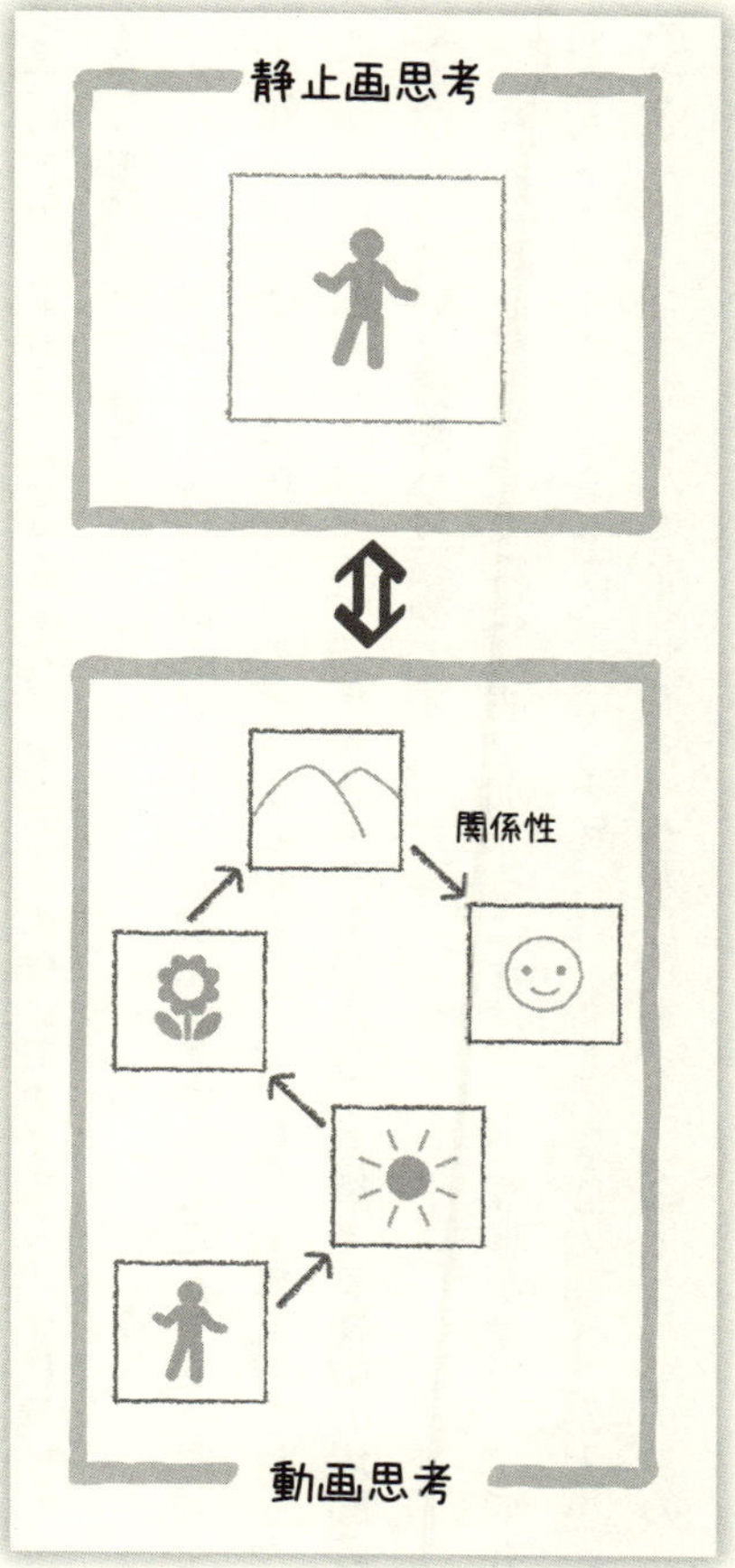

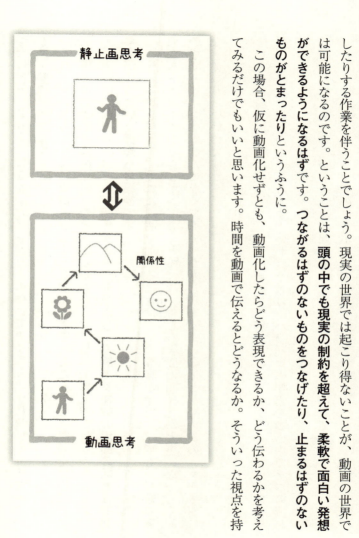

つだけでも、これまでになかったインパクトの強い効果を生み出すに違いありません。いわば**「動画思考」**です。

これまでの思考は写真に象徴されるような静止画思考でした。でも、動画を前提にした動画思考は、実際に動画を使うかどうかにかかわらず、根本的に発想が異なってくるのです。それは、一つの場面だけで伝えるという発想から、**連続する複数の場面の関連性で物事を伝えるという発想への転換**です。

一枚の写真を見せて、それに説明を加えるときは、その写真が命です。でも、複数の場面がストーリーの中でつながっていくとすれば、むしろ場面の関係性が大事になってくるのです。メインの絵なんてなくてもいいかもしれません。全体として一つのメッセージになっていればいいのですから。

その意味で、メッセージの送り手に求められるのは、映像の全体で一つのことを伝えるという映画監督のような視点です。私も映画撮影を経験したことがあるのですが、映画監督には独特の視点が求められます。いわばそれは、バラバラの要素を頭の中で一つの流れの中に配置し、全体を再構成する視点です。演じている役者自身、完成した映画を見て驚くことがあるそうですが、それは映画監督のこの独特の視点に起因しています。ＹｏｕＴｕｂｅエフェクトを生み出すのにも不可欠の視点といえるでしょう。

5

「みんなの知恵」に助けてもらう
――ウィキペディア式集合知【ウィキペディア×ヘーゲル】

集合知を活用して思考する

ウェブ上の百科事典ウィキペディア。「あれは不確かだから情報ソースにならない」といいながらも、実際には誰もがもっとも頻繁に利用しています。詳しいうえに、常に情報が更新されるのも利点です。では、誰が更新しているかというと、世界中の「みんな」です。誰がやってもＯＫ。これが面白いところです。きちんとソースを記せば、子どもでも情報を書き込める。こんなすごい事典はほかにありません。

だからこそ情報が拡大し、精緻《せいち》化されていくわけです。事柄によっては、子どものほうが詳しいことだってありますから。**専門家だけに頼っていては、知識にも対応範囲にも限界があります。**

その点、ウィキペディアのように世界中の誰でも書けるとなると、しかもいつでも情報をアップデートできるとなると、**リソースが無限になる。これが集合知と呼ばれるものです。**「三人寄れば文殊の知恵」などといいますが、三人どころか七〇億人が共同作業を行っているのです。

問題は素人ゆえの無責任さや匿名性ですが、そこもお互いに指摘し合うことで、クリアする自浄作用が働いています。中には論争になったり、疑義が寄せられたりすることもありますが、そのへんを理解しておけば、信頼性のある情報ソースとして利用できます。

ドイツの哲学者ヘーゲルは、ある事柄に問題が生じたとき、それをうまく取り込んで発展させるという論理を唱えました。いわゆる**弁証法**と呼ばれるものです。**これはウィキペディアの集合知に似ている**ような気がします。ウィキペディアの集合知もまた、いろんな異議や新しい情報が加わって、中身が発展していくわけですから。

そこで、そんなウィキペディア式の集合知を、思考として活用したいと思います。ちなみにこれはインターネット上の集合知に限りません。リアルの世界でも、同じことができるはずです。学校でも会社でも、地域でも。

私が実践しているのは、ホワイトボード上の集合知です。ホワイトボードの上でアイデアを募集し、廊下に置いておくのです。すると、通りすがりの人が思いついたことを書いてくれます。目安箱と異なり、すべてがオープンになっているので、集合知になるわけです。

たった3つのコツ

さてウィキペディア式思考の具体的な考え方ですが、まずは**とにかく情報を提示すること**です。最初から完璧なものである必要はありません。それよりも即時性が求められます。今の時代は、スピードが大事です。ですから、じっくり吟味しているよりも、まずは出してみて、そこからブラッシュアップしていけばいいのです。

私たちは批判や間違いをおそれて、つい情報を出すことに慎重になりがちです。でも、それは確実なソースから出される変更のしようのない情報の場合です。たとえば、政府が出す災害情報などはそれにあたるでしょう。誰もが情報を勝手に更新できるようでは、逆にリスクが高まります。そのうえ、あいまいな情報を出すと混乱を招くだけです。

これに対して、ウィキペディア式思考の対象となる情報は、そういう類のものではないのです。ですから、情報の種類によって使い分ける必要はあるでしょう。ビジネスのアイデアなどは、ウィキペディア式思考が求められる典型といえます。

次に、オープンである必要があります。集合知を活かすからには、誰でもアクセスできる状態でなければいけないのです。**人の意見も開かれた態度で受け入れ、取り入れていく柔軟さが求められるでしょう。**

できれば、インターネット上で公開し、アクセスできるというのが理想です。世界中から誰もが容易にアクセスできるからです。修正も簡単にできますし、更新履歴も残ります。まさにウィキペディアと同じです。

さらに、情報をシェアすることが必要です。集合知で得た知識はみんなのものです。自分だけが独占してはいけません。そういう発想がないと、集合知は成り立たないのです。**みんなで考えたなら、みんなで活用する。**そういう寛容な心が望ましいといえます。**集合知は公共財**なのです。

私たちはどうもこの公共財という発想になじみが薄いように思えてなりません。本当は世の中のほとんどのものが、公共財になっていいはずなのです。自分一人の力で生み出されたものなどほとんどないはずです。さまざまな形で誰かの恩恵を被っていることを忘れてはいけません。

その意味で、**ウィキペディア式集合知という思考法には、寛容性が不可欠**であるといえます。広い心がないと、この発想は成り立ちません。自分だけ得をしようと思っていると、知識や情報を出し惜しみしてしまいます。その結果、自分も恩恵を被ることができなくなってしまうのです。

先ほど、スピード、オープン、シェアというキーワードを挙げましたが、そこにもう一つ寛容性という一種の徳がそなわってはじめて、ウィキペディア式集合知は思考法として完成を見るということができるでしょう。

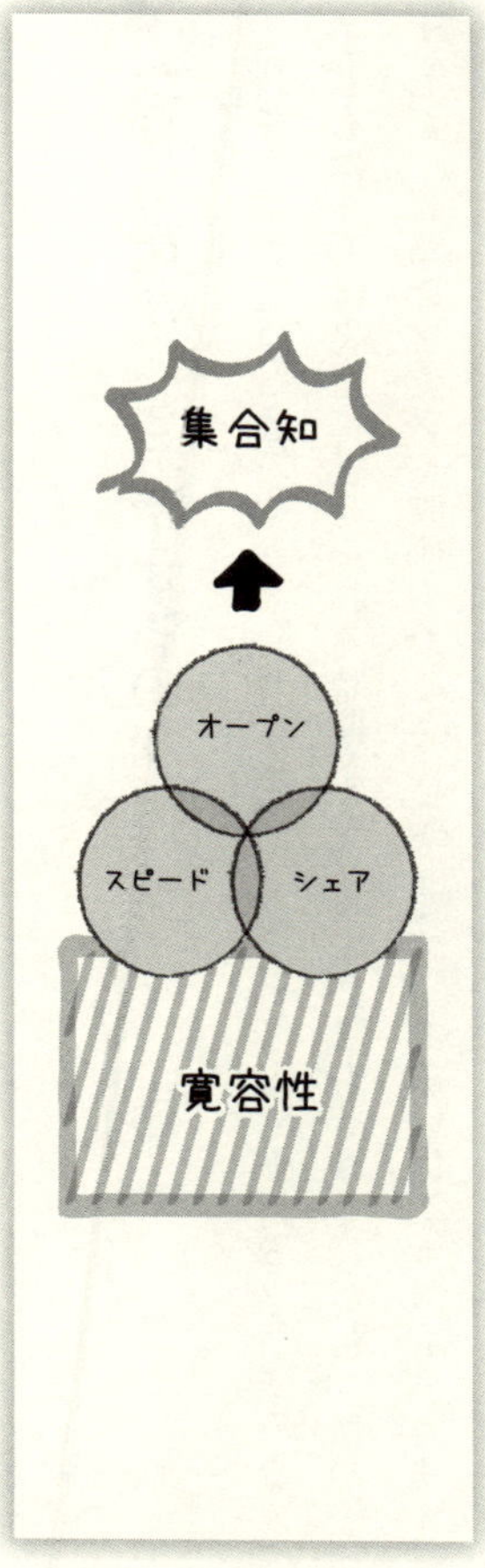

6

「大きさ・怖さ・掘り返し」
――ダイナソー・エフェクト［恐竜×ドゥルーズ］

なぜ恐竜が人を魅了するのか

皆さんは恐竜は好きですか？　昔好きだった？　子どもが好き？　そうなんですよね。子どもは一度は恐竜に魅せられる時期があります。私もそうでしたし、私の子どももそうでした。恐竜のアニメや映画もたくさんあります。あるいはグッズもあります。とりわけ映画『ジュラシック・パーク』が出て以来、恐竜ブームは「進化」したといえます。

つまり、過去のものであったはずの恐竜が、先端科学によって蘇る可能性が出てきたからです。もともと恐竜への関心は、でかい、怖い、この世にもう存在しないので発掘が必要、という三つの要素によって構成されていました。

ところが、三つ目の「この世にもう存在しない」という部分については、テクノロジーによって変わる可能性があるわけです。しかも、それによって魅力がなくなるのではなくて、より魅力が増すところがポイントです。発掘もいいけど、でかくて怖いあの恐竜に会えるなんて！　そう子どもたちは思うのです。いや、大人も含めて。

というのも、ＴＥＤのプレゼンテーションで見たのですが、鶏の卵に恐竜のＤＮＡを入れて、恐竜を蘇らせる実験をしている科学者たちがいるのです。恐竜の卵といわれると少しＳＦちっくに聞こえますが、鶏の卵を使うといわれると、なんだかあり得そうな気がしてきます。まさに大人の私も興奮してしまうわけです。

さらに面白いのは、日本よりもアメリカの子どものほうが恐竜好きな点です。恐竜アニメも豊富ですし、みんなよく知っています。おそらくこれは、恐竜がよく発掘されるので、なじみがあるのでしょう。発掘されるとそこに博物館ができて、目にする機会も増えるわけです。

私もアメリカにいた頃、しょっちゅう博物館で骨の標本を見ました。うちの息子などは、アメリカで恐竜を見すぎて（正確には恐竜のアニメ、フィギュア、骨の標本等）、当時幼稚園児であったのにもかかわらず、将来はペレオントロジスト（古代生物学者）になりたいと言い出したほどです。

実はペレオントロジストという単語は、息子から習いました。ペレオントロジストになりたいというので、なんだそりゃと調べてみたら、恐竜の研究をする古代生物学者のことだったのです。なぜそんな難しい言葉を知っているのかと思うと、アニメなどいろんなところで出てくるのです。それだけアメリカの子どもたちには身近な言葉なのでしょう。

身近さのほかには、なんといってもサイズです。アメリカ人は大きなものが好きですから、巨大な恐竜に憧れるのです。ただ、これは日本の子どもも同じです。恐竜ではありませんが、ゴジラは日本発ですものね。

フランスの思想家ドゥルーズは、質的差異に対して、量的差異を表す「強度」という概念を唱えました。巻き込む力とも説明される通り、人に与えるインパクトを指しています。恐竜の持つでかさは、まさに強度を備えているといっていいでしょう。だから人を惹きつけるのです。

ロマンチックだけでは物足りない

さて、そこでぜひこの人気者の恐竜を視野に入れた思考を考えてみたいと思います。名づけてダイナソー・エフェクト（恐竜効果）！

要は、**でかくて、怖くて、発掘が必要という、迫力とミステリアスな魅力を兼ね備えた効果を意識する**のです。なぜならこれが人を惹きつける要素なのですから。たとえば、物やサービスのアイデアにもこんな要素を盛り込んでみてはいかがでしょうか。食べ物のLサイズの次にダイナソーサイズというばかでかいものを用意するとか。もちろん怖い恐竜のパッケージで。

発掘が必要という点では、よく恐竜の骨を発掘するようなおもちゃがあります。ブラシでこすって発掘作業の真似事をすると、骨のレプリカが出てくるのです。あるいは、卵を水につけておくと恐竜が孵化《ふか》するというおもちゃもあります。

先日、発掘作業をすると骨が出てくるお菓子も発見しました。実はこれチョコレートなのです。なかなか面白い発想ですよね。中から古代のミステリーが見つかるなんて、わくわくしませんか?

今挙げた例は、でかい、怖い、発掘が必要というダイナソー・エフェクトの三拍子を一気に満たしていないので、何かすべてを満たす例を考えたいと思います。こんなのはどうでしょう。

すごくでかい箱にプレゼントを入れて、開けると大きな音がする。ところが、中には土が入っているだけ。掘ってみると、中から指輪が出てきた! 大きさと怖さと発掘の三つをすべて備えたダイナソー・エフェクトによって、指輪のプレゼントが普通に渡すのに比べて何十倍もの効果を持つはずです。

よく雪の中にまぜて渡すなんてキザな演出がありますが、こっちのほうがよっぽどスケールがでかい男だと思われるはずです。ロマンチックなだけでは物足りないという方、ぜひダイナソー・エフェクトを取り入れてみてはどうでしょうか。

最近、ニュースでこのダイナソー・エフェクトを想起させる研究を目にしました。しかも哲学にまつわるものです。つまり、大きなスケールのもので、かつびっくりするような結果が出てきて、しかも過去にさかのぼって発掘するという内容です。科学によって歴史上の哲学者の頭蓋骨を調べることで、その哲学者が持っていた病気などがわかるというのです。そうしてデカルトの病気が判明したとか。もしかしたら、それが彼の思想にも影響していたかもしれないのです。

こんなアプローチがあったなんて！

これはもう恐竜哲学と呼んでいいのではないでしょうか。

7

アルゴリズムを飼いならす
——アルゴリズム思考［データ分析×ハイデガー］

大事なのは人間との共生

アルゴリズムという言葉を聞いたことがあるでしょうか？

問題を解くための手順のことで、フローチャートがもっともなじみのある形だと思います。最近ではコンピュータによるデータ分析のことを指すことが多いようです。

もともと九世紀のアラビアの数学者アル・フワーリズミーの名に由来するだけあって、計算に過ぎないのですが、現代ではコンピュータのおかげで、データ分析にまで発展しているわけです。

そして**今や世界はアルゴリズムによって支配されている**ともいわれます。つまり、あらゆる物事が、コンピュータの計算によって動かされているというのです。

考えてみれば、データが豊富にあり、それを瞬時に解析できれば、なんでも予測できるのです。それを応用して、マーケティングや商品の開発が行われています。**なんとアルゴリズムによって、ニュースまで書かれている**というから驚きです。人間ではなく、機械がニュースを書いたり、予測をしたりしているのです。たしかに、データ収集能力や解析能力に限界のある人間よりも、こうした分野ではコンピュータのほうが優れているのかもしれませんね。

先日テレビで見たのは、金融街の取引もアルゴリズムの計算に基づいて行われているという話です。もはや人間が関与していないなんて！　こうなったら、人間には何が起こっているのか見当もつきません。取引に失敗したって、機械のせいにすればいいのです。

あたかもコンピュータが支配するSFの世界をイメージしてしまいますが、これが現実なのです。もし戦争のシミュレーションもコンピュータが行うようになって、勝手に戦争を始めたらどうするのでしょうか。背筋がぞっとします。

ただ、救いもあります。アルゴリズムは完全には人間にとって代わることはできないという点です。たとえば、芸術の分野はまだ人間の領域だといいます。コンピュータにできるのは計算であって、創造行為ではありません。

大事なことはアルゴリズムと人間との共生なのでしょう。**ドイツの哲学者ハイデガー**は、**技術が発**技術を手段として適切に使いこなさなければならないと主張しました。そして、

展すればするほど、人間にはそれを支配する力が求められるようになるのです。

技術はひとりでに発展していきます。でも、それに対する人間の支配力は比例して発展するわけではありません。

技術は手段に過ぎない

そこで、そんなアルゴリズムを飼いならすための思考法を考えてみたいと思います。まず、**アルゴリズムに任せていい分野とそうでない分野をあらかじめ明確にしておく**必要があります。

たとえば、人間の命や尊厳にかかわる分野については、アルゴリズムに委ねるべきではないでしょう。生命維持装置を外すかどうかとか、死刑の可否などをアルゴリズムで決めてはいけません。人間の命や尊厳は、人間に委ねられた最後の砦《とりで》であるべきです。

その点で、現実にあるサービスで問題なのは、結婚相手のマッチングを行うアルゴリズムです。機械に人生の伴侶を選ばせていいのでしょうか？　仮にその判断が確率的に正しいとしても、果たしてそれで本当に幸せになれるのかどうか。人間の愛のような感情もまた、機械に委ねるべき事柄ではないように思うのです。

結婚に失敗したって、自分が選んだのであれば後悔はないはずです。コンピュータが選

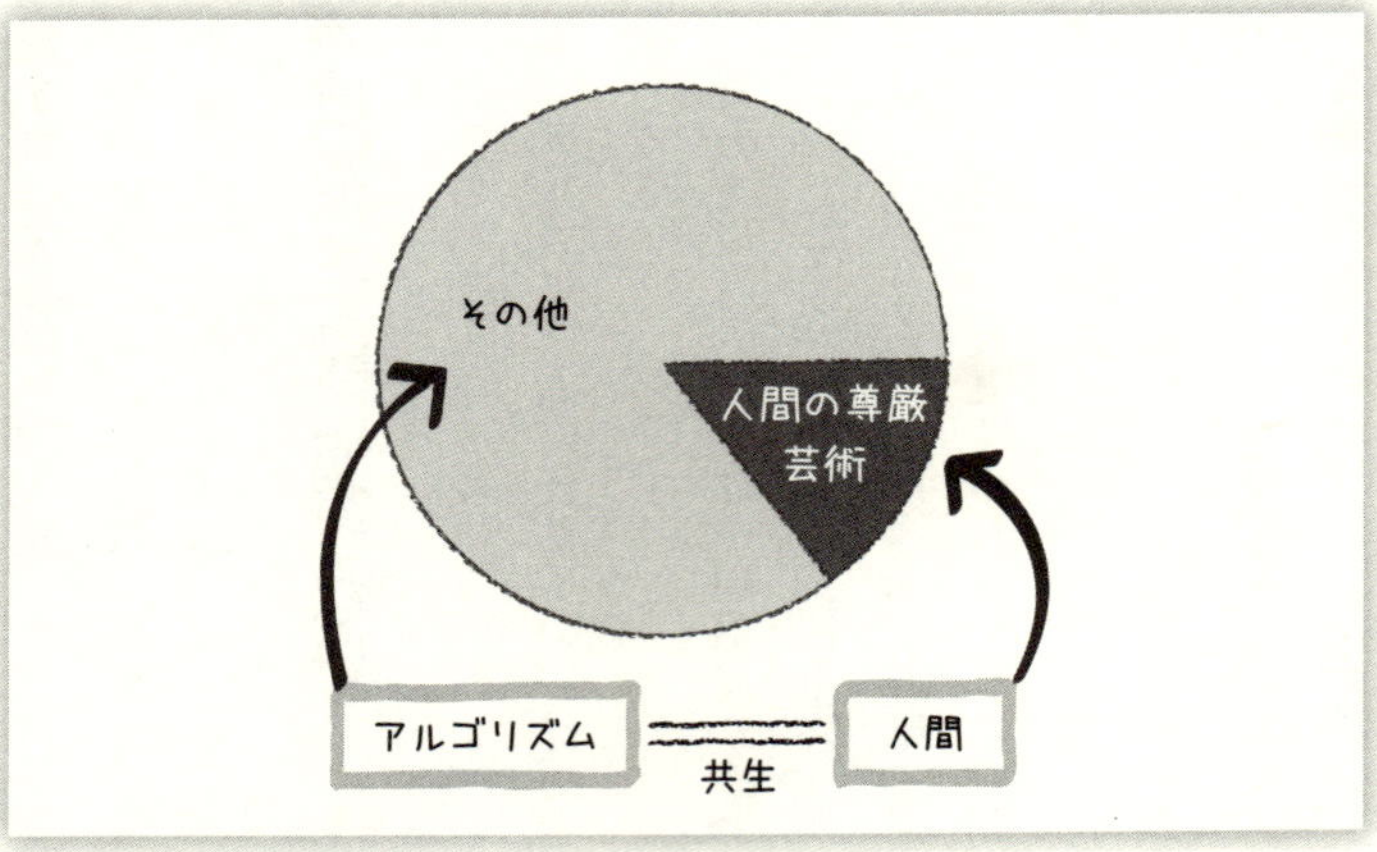

んだ相手だと、うまく行かなくなったとき、きっと後悔するように思います。

個人的には、芸術も人間の専売特許として残しておいてもらいたいと思います。もちろん、機械にも絵は描けるでしょう。もしかしたら、データ分析の結果、人間よりも上手に描けるようになるのかもしれません。でも、芸術は技術とは異なります。あくまで魂の表現なのです。だから魂のない機械には不可能な仕業だといいたいのです。

次に、**アルゴリズムに歯止めをかけるタイミングを設定**しておく必要があります。おそらくそれは、人間に理解できなくなってしまったタイミングだと思います。金融取引に象徴されるように、誰もよくわからない計算に基づいて取引きが行われているなどというのは、どう考えても異常です。

ハイデガーがいうように、技術はあくまで手段です。**手段に振り回されるようになった瞬間から技術は技術でなくなります。**それはモンスターのようなもの。彼はそんな技術の本質を**「ゲシュテル（徴発性）」**という言葉で表現しました。人間の意思とは無関係に、駆り立てられていくという意味です。映画『２００１年宇宙の旅』で人間を殺してしまうコンピュータＨＡＬを思い起こさせます。

アルゴリズムに支配されることではなく、あくまでアルゴリズムを飼いならすことこそが、人間にとってのアルゴリズム思考であることを強調しておきたいと思います。

8

「モノのインターネット」でパターンを読み取る
――IoT思考【IoT×フーコー】

IoTで生活のすべてが管理される

ここ数年、IT業界を中心に、世界を変えるのではと話題になっているのが、**IoT（Internet of Things）**です。**「モノのインターネット」**などと訳されます。つまり、あらゆるモノにセンサーが埋め込まれ、インターネットを介してコントロールされるということです。たとえば家電がインターネットにつながっていれば、外出先からスマホを使ってコントロールするなんてことができるわけです。

日本ではまだそれほどでもありませんが、海外ではすでに広がってきており、空港でスーツケースの紛失を防いだり、試着の多い洋服を調べてマーケティングに活用したりされています。

もし身の回りのすべてのものにセンサーが入っていて、そのモノ自体が自分の行動を記録しているとしたらどうでしょう？　まるでそのモノが生きているように感じませんか？　さらにそれがインターネットでつながっていて、どこかで管理している人がいるとしたら……。なんだか気味が悪いですね。

フランスの現代思想家であるミシェル・フーコーは、権力の恐ろしさを暴いてきた人物です。たとえば、パノプティコンと呼ばれる刑務所のアイデアを用いて、人々が見えない権力に監視されている可能性を示唆しました。

パノプティコンは、一望監視装置とも訳されるように、中央の監視塔からそれをドーナツ状に囲む独房を一望することができるのです。しかも、独房の側からは中央の監視塔の中が見えないようになっています。ですから、囚人たちは終始監視されていると思い込み、自分を律するようになるのです。

これはまさにセンサーを搭載した身の回りのモノが、私たちの行動を監視している状態に重なってくるのではないでしょうか。

もし自分の購買履歴や行動様式がすべて誰かに監視されているとしたら、変な行動はとれませんよね。とりわけモノは企業が生産しているわけですから、私たちは彼らの格好の餌食にされてしまいます。

今でもインターネットを使うときは検索履歴や購買履歴を意識しますが、あらゆるモノがそれにつながっているとすると、常に警戒をしていなければならなくなるわけです。

選ぶのではなく選ばされている?

アメリカの法学者キャス・サンスティーンらは、『Ｎｕｄｇｅ』（邦訳『実践行動経済学』／日経ＢＰ社）という本の中で、パターナリスティック・リバタリアニズムという概念を唱えています。これは人々に一見自由に振る舞わせているように見えて、実は背後から政府が誘導するような思想のことです。

レストランで健康メニューを前面に置けば、人は自発的にそれを選ぶかもしれませんが、実は選ばされているわけです。これがパターナリスティック・リバタリアニズムです。

もともとｎｕｄｇｅとは、ひじでコツンとこついたりして、それとなく気づかせるという意味なのですが、ここでは間接的に誘導することを意味しているわけです。私は、ＩｏＴには、そんなパターナリスティック・リバタリアニズムの危険性があるような気がしてなりません。

ＩｏＴのおかげで、私たちの生活がすべて管理されていくということです。実際海外では、電力会社がエアコン温度を調節するということもやっているようです。そうすると、知らず知らずのうちに企業や政府のおすすめする推奨生活を送らなければならなくなるのではないでしょうか……。

パターンを読み取り利用する

さて、そこで私の提案は、ＩｏＴの発想を思考法として活用しようというものなのですが、これには二つの意味があります。

一つは、ＩｏＴの発想を活かして、とにかく人の行動履歴をよく観察し、そこからパターンを読み取りましょうということです。これはわかりやすいと思います。センサーが入っていなくても、この世の中は結構インターネットを通じてつながっています。フェイスブックを見れば、誰が誰の友達かわかるものです。すべてがつながっているという前提のもとに人やモノを見れば、その対象を眺めているだけでは入ってこない情報が手に入るのです。

もう一つは、ＩｏＴの危険性を応用して、常に自分の行動が監視されていることを意識しながら思考しようということです。そうすると、情報発信を含め自分の行動にもう少し慎重になるでしょう。**すべてがつながっている社会では、自分の行動のすべてが情報源であることを忘れてはいけません。モノのインターネットの「モノ」には、私たち自身が含まれているのです！** よくぞ婉曲的に「モノのインターネット」と表現してくれたものです。モノの先にはそれを使う人が必ずいるわけですから、本当は「ヒトのインターネット」のはずです。ヒトはＨｕｍａｎ Ｂｅｉｎｇｓですから、ＩｏＴならぬＩｏＨです。

もっとも、これは何もＩｏＴに限った話ではありません。企業が大量の購買履歴や行動履歴をストックし、活用するビッグデータなどにも同じことが当てはまります。あるいは最近「コンテクストの時代」ということを主張している人たちもいます。テクノロジー・ジャーナリストのロバート・スコーブルとシェル・イスラエルの二人です。彼らによると、ウエアラブルやＳＮＳのおかげで、個人に関する情報がインターネット上に蓄積され、コンピュータがそれをベースにより的確なサービスを提供するようになるというのです。

コンテクストとは背景を意味する語ですが、まさにあらゆる人の背景がコンピュータにお見通しとなり、おせっかいなまでに私たちの行動に干渉してくる可能性があるということです。

したがって、情報社会をうまく生き抜くには、**インターネットによる情報を積極的に活用する思考と、逆にその餌食とならないように警戒する思考の二つが同時に求められる**わけです。

第2週

「身の回りのモノ」を思考の道具にする

アイデアで有利に勝負できる

9

とりあえずの結論をたくさん出す
――マーキング思考［付箋紙×フッサール］

頭の中で貼ったり剥がしたり

ポストイット、いわゆる付箋を使う人は多いと思います。ちょっとしたマーキングに、そしてメモ代わりに、とにかく重宝するツールです。すぐに剥がせるので、途中からグループ分けをしたり、類似のアイデアを削除したりするのにもってこいです。こうすることで、最終的な結論に至るプロセスにおいて、大胆に暫定的な結論を出すことが可能になります。

アイデアを出すためのブレーンストーミングという手法があります。人の意見を否定せずに、まずはとにかくたくさん意見を出すという方法です。そんなときにはこのポストイットが重宝します。ボードや模造紙にどんどんアイデアを貼っていって、同じものは固めたり一つにまとめたりして、最終的に採用する一案に絞り込んでいけばいいのです。

最近は修正に使えるメンディングテープも人気です。さまざまな柄の入ったものが出ています。修正用なので、上から書けるという点がポイントです。手軽に貼って、上からマーキングする。つまり、これもポストイットのように使うことが可能なわけです。

このように、ポストイットやメンディングテープに共通するのは、とりあえずマーキングするという要素ではないでしょうか。**たくさんの情報やアイデアをとりあえず出しておいて、それを磨いていく。そのための準備としてこれらのツールが役立つ**わけです。

こうしたプロセスは、イギリスの思想家フランシス＝ベーコン以来の、帰納法の伝統に親和的であるといえます。帰納法では、個々のデータを集めて、それをもとに理論を組み立てていきます。ある一定の結論から敷衍《ふえん》していく演繹法とは真逆の論理思考です。

そこで、頭の中でも、ぜひこのような「マーキング思考」を試してみてはどうかと思うのです。マーキングとは、一時的に書き留めておくということです。普段私たちは、頭の中にポストイットを貼ったり、メンディングテープを貼るわけにはいかないので、複数の暫定的な結論を出すということをしません。でも、それではなかなかアイデアが淘汰《とうた》されていかないのです。

これを克服するために、あたかもポストイットやメンディングテープを貼るかのように、頭の中で複数の暫定的結論を想定していくわけです。そしてどんどん、剥がしたり、上からマーキングしていけばいいのです。やり方は簡単です。まさに頭の中に物理的にポストイットやメンディングテープを貼るイメージを抱くだけでできるようになります。

幸い人間の脳は、日ごろやっていることを頭の中で再現できるようになっているみたいです。そのうえ、**人間の思考は意外なほど視覚的なもの**です。ですから、面白いことに頭の中でポストイットやメンディングテープを貼ったり、剥がしたり、上書きしたりするイメージで思考ができるものなのです。

一気に答えを出さないほうが正しい答えにたどり着く

この思考法のメリットは、あくまで暫定的結論を持てるという点にあります。それが剥がしたり上書きしたりできるマーキング思考の核なのです。では、なぜ暫定的に結論を出すことがいいのでしょうか。

それには三つ理由があります。一つ目は、一気に答えを出すより、慎重に吟味できる。二つ目は、たくさんの選択肢から選べる。三つ目は、柔軟に撤回できる点です。

一つ目の慎重に吟味できるというのは、時間に追われる現代人にとって不可欠の要素といえます。私たちは、つい忙しさにかまけて、一気に答えを出してしまいがちです。それによって失敗をすることもあります。暫定的結論を意識することで、再度吟味する契機が与えられるということです。セルフチェック、ミスの予防装置のような機能が働くわけです。

ドイツの哲学者フッサールは、**物事の本質を見極めるためにエポケーが必要**だといいました。判断中止とも訳される概念で、要は**目の前の対象をいったん括弧でくくってみる**ということです。それによって、誤った判断を回避することができるからです。

二つ目のたくさんの選択肢から選べるというのは、いうまでもないでしょう。暫定的結論ですから、一つに絞る必要はありません。最終の結論を出すまでは、複数あってもいいのです。その中から選ぶことで、最後までメリットやデメリットを比較することができます。

最終的にはいずれか一つを選ばなければいけないわけですが、比較対象があると選びやすいのです。よく写真屋さんで撮影してもらうと、今どきはパソコン上で二つの写真を並べて、比較させてもらえます。並べるとどちらがいいかわかるものです。そうして一つに絞っていくのです。

デンマークの哲学者キルケゴールは、あれもこれもではなく、**あれかこれかの主体的な決断をしなければならない**といいましたが、まさにそれを可能にするのがマーキング思考なのです。

三つ目の柔軟に撤回できるという点は、形式を重んじたり、筋を通そうとする日本人を、危険な罠から救ってくれるものです。つまり日本人の場合、一度答えを出すと、仮に問題が見つかってもなかなか撤回できないのです。その挙句抜き差しならない状態に陥ります。**暫定的結論という前提は、そんな硬直した状態から私たちを救い、柔軟な姿勢を可能にしてくれる**のです。

さあ、皆さんも気軽に心の中にポストイットを貼ったり、メンディングテープを貼ったりしてみてはいかがでしょうか?

10

頭のキャンバスに曼荼羅を描く

——模造紙思考【模造紙×ロック】

「心の白紙」をアイデアで埋めつくす

子どもの頃はよく模造紙を使ったものです。大きくて白いあの紙（市販のものは788×1091mmのサイズ）です。小学校で模造紙を広げて、そのうえで作業するときは、まるで大海原に漕ぎ出すかのような興奮を覚えたものです。

不思議なことに、キャンバスが大きくなると、思考の可能性も大きくなるような気がします。だからいろいろなアイデアが出てくるのでしょう。もちろんそれは、事柄の関係性を一気に描けるというメリットから生み出される効果なのかもしれませんが。

そもそも人間は、白いキャンバスに見たもの、聞いたものを書き込むことで、アイデアをつくり出していく生き物です。**イギリスの哲学者ジョン・ロック**は、まさにそう唱えて、**人間の心の白紙のことをタブラ・ラサと呼びました。**ラテン語で、何も書いていない板という意味です。つまり、**経験を通して人は観念を形成していく**ということがいいたかったのです。

模造紙に次々とアイデアを書き込んでいき、それらをつなぎ合わせる作業をしていると、いかにも自分のタブラ・ラサがアイデアで埋まっていく感じがします。

また、模造紙はたいていグループで作業する際に使います。だから必然的に集合知の集積場となるわけです。

昔から、みんなでわいわいがやがやと騒ぎながら作業していた記憶があります。私が模造紙を見るとわくわくするのは、そのイメージがあるからでしょう。

だから学校では、もっと模造紙をうまく活用できるインフラを整備する必要がありますね。Ａ４のコピー用紙並みに容易にいくらでも手に入る環境にしておくべきです。昼休みに子どもたちが何かアイデアを思いついたら、さっと取り出して使えるというふうに。

また机もあの小さな聴講用のものではダメです。模造紙が置けるサイズの作業台が要ります。**アメリカの哲学者デューイ**は、知識は道具であるという道具主義を唱え、使える知識を学ぶために机を作業台に変えるべきだと主張しました。彼の道具主義は、役に立てばそれが正しいのだと考えるプラグマティズムという思想の完成形です。

アイデアは大きな紙に書くほうが広がる

模造紙はものすごく教育の役に立つのです。考えてみてください。この小型化の時代に、1メートルもあるサイズの用紙が活用されているなんて。この規模はタブレット端末では不可能ですものね。ちなみに、実際に立体のものを貼りつけることができるのも、タブレット端末とは異なる利点です。

大人になってから模造紙を使うことは少なくなりましたが、それでもブレーンストーミングなどの際に使ったりします。ポストイットを貼ったり、絵を描いたり。やっていることは子どもの頃と同じです。やはりわいわいがやがや騒いでしまいます。

どうやら**模造紙には、アイデアを生み出す普遍的な力がありそうです。**そこで、あたかも模造紙を頭に広げるかのように思考する方法を考えてみたいと思います。いわば模造紙思考です。

まず頭の中に模造紙をイメージします。そして、アイデアをその広いキャンバスに貼りつけたり、描いたりして曼荼羅をつくるのです。その際、本物の模造紙を使う場合と同様、真ん中にテーマを据えるようにしてください。

また、実際の模造紙と異なり、頭の中の模造紙はどこまでも広がりますが、これも本物

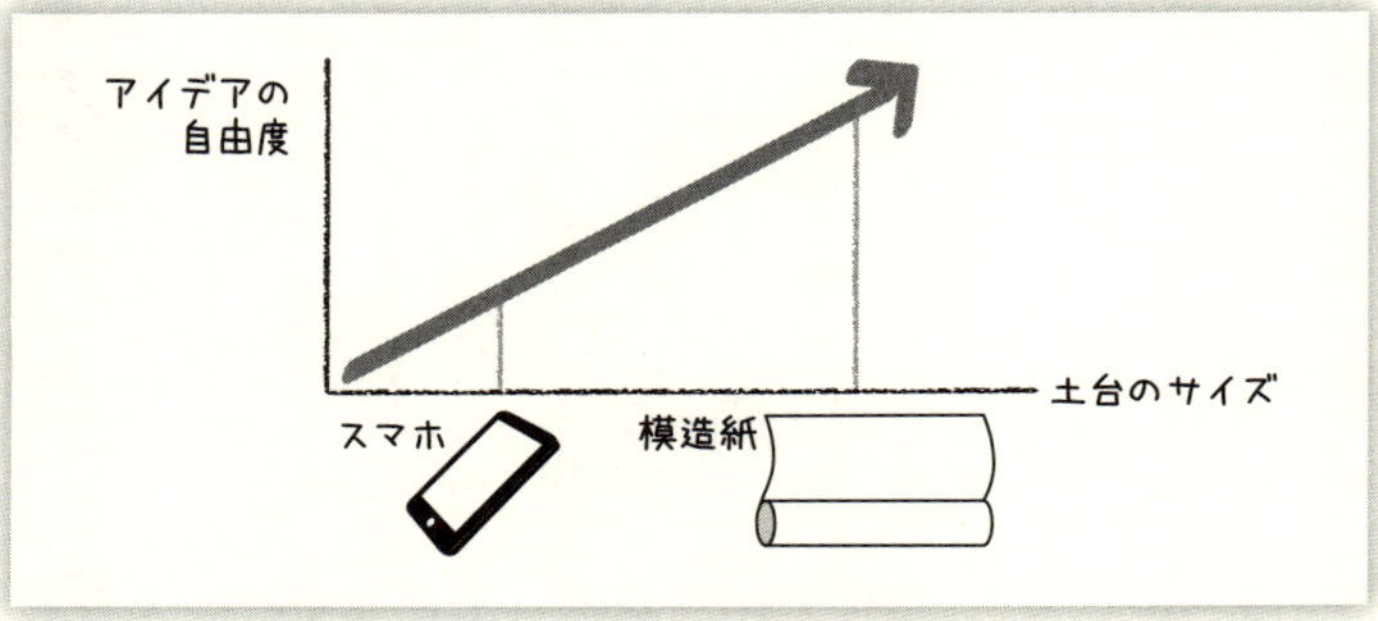

の模造紙を想像してください。サイズはあくまで1メートル規模です。そうでないと、アイデアが整理しにくくなるのです。これは本物の模造紙が1メートル規模に限定されていることとも関係しています。人間が対象を一望して把握できる限界はその程度なのです。それ以上のサイズになると、視線や首を相当動かさないと把握することができなくなります。

次に、大きなキャンバスにアイデアを書くと、複数の要素が並列的に出てきますから、それらをつなぎ合わせるという作業が重要になってきます。ここがまた面白いところでもあります。

したがって、模造紙思考では、**いかにアイデアをつなぎ合わせるか、常に念頭に置いておく必要があります。**つなぐというのは、ただ単に関係性を明らかにするというだけでなく、同じアイデアは一つにまとめたりするなど、アイデアを淘汰していくことも含まれます。

スマホ思考から模造紙思考へ

さらに、模造紙はグループなど複数人でアイデアを出し合う際に使うことが多いので、人と立ち話をしているときでも、頭の中に模造紙を広げて考えると、瞬時に集合知を形成する土台が整います。人の意見を頭の模造紙で整理していけばいいのです。

スマホに見られるように、電子ツールの小型化のせいか、昨今私たちの頭の中までも小型化してしまっているように思えてなりません。学校で子どもたちが小さな字を書くようになったのもツールの小型化が関係しているのではないでしょうか。

しかし、アイデアは大きな紙に書いたほうが自由度が増すに決まっています。ぜひスマホ思考から模造紙思考への転換を図りましょう！

11

美と実用の両面から考える
——建築家思考【設計図×ウィトゲンシュタイン】

ものごとを建築物に見立てて構造を考える

建築家の仕事はもちろん家や建物を建てることです。彼らは綿密な計算をもとに、平面に描いた図を形にしていくのです。自分で建てることはなくても、少なくとも頭の中で組み立てるイメージはしています。

あの平面を空間としてイメージする思考は、いろんなものに応用できると思うのです。それは単に立体で考えるということだけではなく、パーツを組み立てていく営みそのものを指しているからです。

その証拠に、人の行為を環境設定によって誘導することをアーキテクチャといいます。アーキテクチャとは建築を意味する英語です。つまり、実際に建物を建てる以外にも、建築の思考を使うことができるということです。

建てない建築を意味するアンビルト・アーキテクトという概念もあるくらいです。これはもう思考実験とさえいえます。それだけ建築と思考は密接に結びついているのです。

実際、**オーストリア出身の哲学者ウィトゲンシュタイン**は、頭を整理するために家を設計したといいます。これはウィトゲンシュタインハウスと呼ばれ、今も現存しています。あるいは、**フランスの現代思想家デリダ**が唱えた脱構築概念は、建築の分野でも使われる用語です。

だから逆に、物事を考えるときには、なんでも建築物に見立てることで、構造のしっかりした思考ができるように思うのです。いつも感じるのですが、建築と思想は本当によく似ています。建築史を読んでいると、まるで哲学史を読んでいるような錯覚にさえとらわれます。

でも、それもそのはずなのです。なぜなら、建築というのは、その時代の空気を存分に反映しています。中世のキリスト教の影響を受けたゴシック建築、近代社会の現実に即した建築を目指したモダニズム建築などのように。

そして思想とは、とりもなおさず、時代の空気そのものだといえます。思想には、時代の空気をどうとらえ、どう論理的に説明するかが委ねられているのです。だから**建築と思想とは、もともと同じものを別の表現形式で表したものに過ぎない**といえるのです。

そう考えると、建築家が思想家になり、思想家が建築家になるのは必然です。私も建築の知識があれば、思いを設計図に表現していることでしょう。実際、そのような衝動に駆られることが多々あります。**人間は誰しも、思いを形にしたがるもの**です。

その場合の形は、文字であることもあれば、絵や立体であることもあります。その絵や立体の中の特別なものの一つが建築にほかなりません。とりわけ建築が特別なのは、そこに人が住んだり、活動をしたりするという要素があるからでしょう。人間との結びつき、思考と生活、思考と行為との結びつきが想像しやすいのです。

公共施設の設計は、有名な建築家に委ねられることが多いですね。コンペがあるわけですが、それは単に造形だけで決まるものではありません。あくまでその設計に込められた思想が審査されるのです。

その点で、２０２０年の東京オリンピックのメインスタジアムとして一度選ばれたザハ・ハディッドの設計は、流線型の造形美だけが目立ち、どうも思想の部分がはっきりと見えてきません。総工費がかかるという批判で再選考となりましたが、思想の部分を議論する人があまりいないのです。本当はそこが一番重要なはずなのですが……。

だから建築物を見るとき、私はむしろ思想に着目するようにしています。この形にはいったい何が込められているのかと。

形にすることでアイデアが具体的になる

そして私が提唱する建築家思考の核もそこにあります。どんな思いを形にするのかを考えようということです。また、何事も形にするべく発想してみようということです。**もしこの感情を形にするとどうなるか、もしこの空想を形にするとどうなるか。形にすることを想定すると、アイデアはより具体的になるものです。**これはただの図解化とは違います。なぜなら、建築家思考の場合は、現実のものとして成り立つことを前提としているからです。それが建物である限り、中に人が入ってそれを利用することが可能でなければなりません。

建築が単なるアートと異なるゆえんです。建築家思考では思いを形にするのですが、その際、現実的な形にするところがポイントです。おそらくそのためには、構造をしっかりと計算し、組み立てる順序を考えないといけないでしょう。耐震性も求められます。だからでしょうか。建築家は皆、理系のアーティストに見えます。建築家思考こそ、文理融合思考の典型なのかもしれません。

したがって、この建築家思考を思考法として活用するには、**物事を美しい形にすることと、現実に利用可能なものにするという二つの視点が必要**です。美と実用を同時に追求する。わかりやすい例を挙げましょう。

たとえば、犬小屋をつくるとき、アーティストならかっこいいだけの丸い形のものをデザインするかもしれません。そしてただのエンジニアなら、機能性だけを追求したぶかっこうで機械的な箱をつくることでしょう。でも、建築家思考によって美と機能性の両方を同時に追求すると、美しくかつ住みやすい犬小屋ができあがるということです。

ちなみに、建築家にはおしゃれな人が多いですよね。やはり本人たちもアーティストだと思っているからに違いありません。先ほど紹介したザハ・ハディッドも、プレタポルテのデザイナーにしか見えませんでした。ド文系の私はアーティストにはなれても、建築家にはなれないので、せめて建築家思考を実践したいと思います。

12

「うまい、やすい、はやい」で考える

──3分割思考【三×アリストテレス】

イノベーションを表す数字

昔から洋の東西を問わず、「三」という数字は多用されてきました。**古代ギリシアの哲学者アリストテレス**は、これを神聖な数字だと見ていたそうです。

キリスト教でも三位一体という言葉があります。神とキリストと精霊を一体のものと見る考え方です。

日本でも古来「三」は「御」の代わりに使われてきたようです。それに三のつく言葉や地名もたくさんあります。三審制、三重県といったように。

これらはすべて「三」という概念にそれなりの使い勝手の良さがあるからだと思われます。そもそも物事は、従来三つの次元で表現されてきましたし、すべてのものは二つの異なる立場かそれ以外、つまり第三の立場として表現可能です。

だから物事の説明には、三つのポイントや三つの理由などというふうに、「三」が好んで用いられるのでしょう。そのほうがわかりやすいということもあります。四以上だと多くて頭に残らないのです。

実は私もこの三つのポイントを多用しています。この本でもそうなのですが、どうしても三つに絞り込んでしまいます。話をするときは特にそうです。話の場合は、覚えられないだろうからです。

しかもただ並列に並べるのではなく、**三つの異なるものを挙げる**必要があります。また、できれば**優先順位を考えて列挙する**となおいいでしょう。簡単なものから難しいものへ、あるいは基本的なものから応用へという感じで。

そこで、何事も三つに分けて考える「3分割思考」を提案したいと思います。**常に頭の中で三種類に分けるようにする**のです。一番簡単なのは、程度です。両極端に二分割し、真ん中を第三のものとするわけです。

人間の脳みそは右脳と左脳に分かれています。それがもとで人間は左右対称にできているのですが、だからこそ真ん中が存在するのです。背骨は真ん中にありますよね。考えてみれば頭やへそ、性器も真ん中にあります。左右対称にできているから、ここが真ん中だと定めることができるのです。

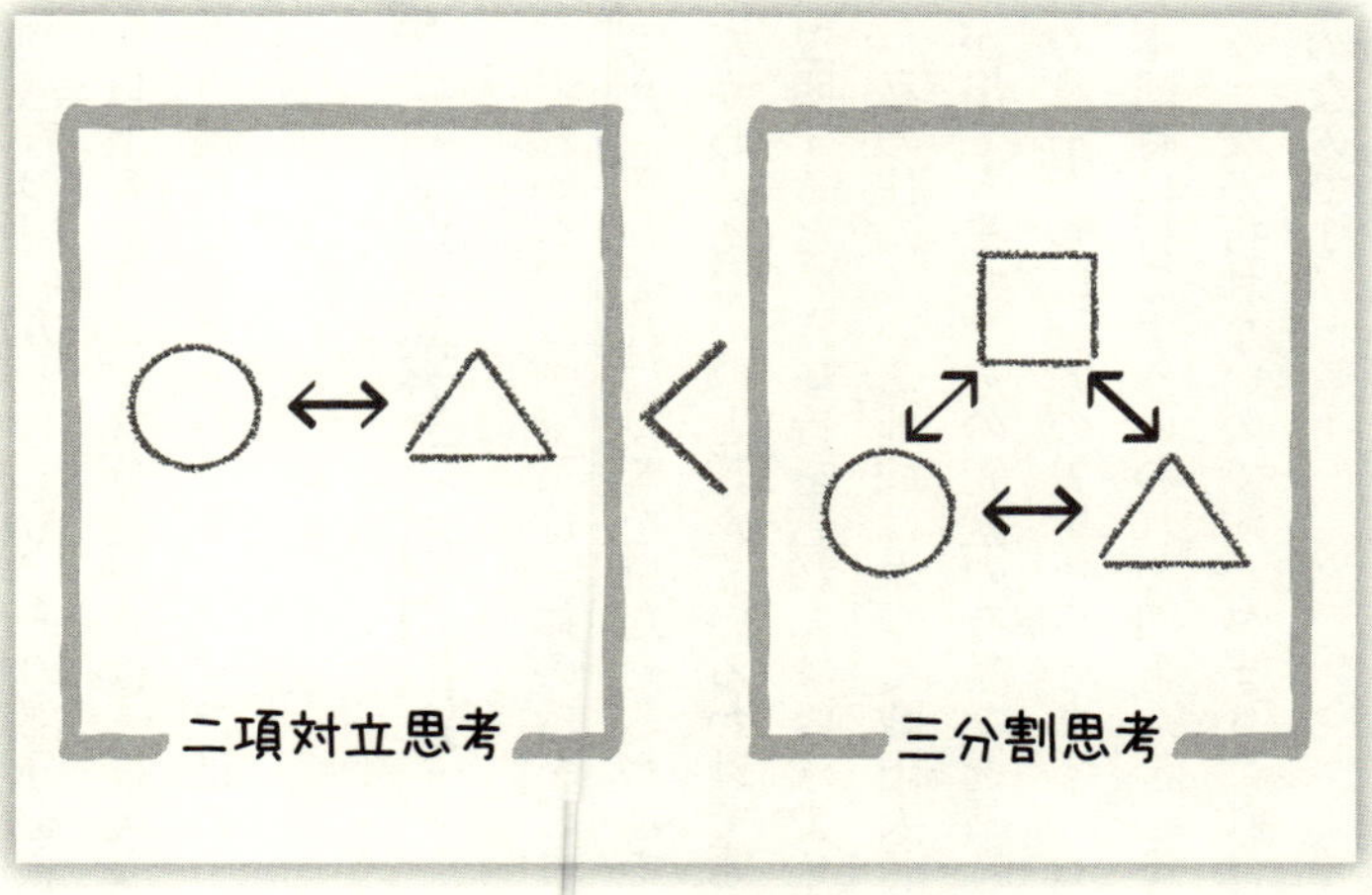

あるいは、まったく性質の異なる三つに分けてもいいでしょう。たとえば、政治について考えるなら、右、左、中道というふうに。人間の性格なら、激しい、おとなしい、マイルドというふうに。

この例だとまるで三つ目は「その他」のようですが、**行き詰まったときに見出される「第三の道」というのは、新しい、積極的な概念**です。その意味では、**三はイノベーションを表す数字**ともいえるのではないでしょうか。あれかこれかの行き詰まりの中から第三の道を見出したとき、まさにそれは状況を刷新したといえるのです。

カードでも三枚目は切り札です。バッターでも三番は強打者。ホップ、ステップ、ジャンプ。三つ目は最強を意味するのです。３分割思考の用い方としても、その部分を意識するといいでしょう。
以上のように、3分割思考は、単純な二項対立思考から脱却することができるという意味で優れた思考といえます。ぜひ世の中を前進させるためにも多用していただければと思います。

三つの要素で一つの力になる

それから、冒頭で三位一体の話をしましたが、これも使えます。つまり、三つに分けて考え、それぞれに役割を持たせるわけですが、同時に**三つはある点で一つでもある**のです。だからこそ3分割と呼んでいるわけです。そこで、最終的には一つの目的、一つの物事を説明するという趣旨を忘れてはいけません。三つで一つなのです。

私の住んでいる地域はかつて戦国大名の毛利《もうり》元就《もとなり》が支配していたので、今でもよく名前が出てきます。その元就の有名な逸話に「三本の矢」というのがあります。元就は、三人の息子たちに一本の矢を折らせます。もちろん息子たちは簡単に折るわけですが、次は三本同時に折るようにいわれて四苦八苦します。一本だと簡単に折れる矢も、三本合わせるとなかなか折れないのです。つまりこれは、三人の息子たちが力を合わせるようにという戒めなのです。

3分割思考もこれに似ています。**一つひとつの要素はそれほど強力ではなくとも、三つ合わされば強い説得力を持つ**ということです。昔牛丼の吉野家が「うまい、やすい、はやい」を売り文句にしていました。うまいのは当たり前、安いだけでもダメ、早いだけでもダメ。この三つがそろってはじめて魅力が増すのです。だから大成功したわけです。そしてもちろん、この三つがそろうことで、一つの牛丼の全体を説明することができます。

吉野家のように、三つの不可欠の要素を並べ、それらがそろって一つの力になるような論理を考える必要があります。しかも、**その三つはそれぞれ異なる種類の要素でなければいけません。**そうでないと、三つ合わさったときの威力が大きなものにならないからです。**異なる要素がそれぞれ互いを補い合って、一つの大きな力になる。**それが3分割思考の強みです。いわゆる子供向けの戦隊ものヒーロー番組でも、特性の異なる三人がチームになっている場合、その三人のチームワークがぴったり合ってはじめて敵に勝てるのです。仲間内で喧嘩をしているときは、負けてしまうというエピソードが必ずあります。

もしこの3分割思考を使って、私が本を書く際のスローガンをつくるなら、こんな感じでしょうか。「役に立つ、わかりやすい、面白い」。これらの要素が三つそろえば、たしかに最強ですね。

13

始めに山場を持ってくる
――つかみ主義【お笑い×ギブソン】

入り口の段階ですべてが決まる

「始めよければ、事半ばまでよし」という言葉があります。物事の始めさえうまくいけば、真ん中ぐらいまでは安泰だということです。「終わりよければすべてよし」とは異なり、どんでん返しのようにすべてがよくなるわけではありませんが、それでも半分くらいまではＯＫということになります。

その意味では、物事の出だしがいかに大切かわかっていただけるのではないでしょうか。単純にかけっこを考えてもわかると思います。スタートがよければ、途中まではトップでいられます。そのままの勢いでゴールできることさえあるでしょう。

あるいは、お笑いでも「つかみ」といいますが、最初にどかんと受けると、雰囲気がよくなって、スムーズにパフォーマンスを展開することができるのです。

ビジネスのプレゼンもそうです。お笑いのつかみとは違って、ドカンと受ける必要はありませんが、少なくとも相手の関心を引きつける必要はあるでしょう。

アメリカの知覚心理学者ギブソンは、知覚が行動をとるための情報を与えるという説を唱え、そのような機能をアフォーダンスと呼びました。つまり、赤いボタンがあれば押したくなるし、取っ手があれば引きたくなりますよね。そうした効果を導く機能のことです。

つかみもこのアフォーダンスに似ているように思います。もちろんつかみの場合、視覚に限った話ではありません。それでも、アフォーダンスが「提供する」という意味のアフォードという動詞に由来する語であることからもわかるように、つかみが提供する雰囲気が、話に引き込まれる誘因となっているのは間違いないのです。

その意味で、つかみがある種のアフォーダンス機能を果たしているといえるのではないでしょうか。

つかみの持つこの機能は、いかなる物事にも当てはめることができる普遍的な事柄であるように思います。そこで、いわばそんなつかみ効果を活用した「つかみ主義」を、思考法として提唱したいと思います。

人間はなんの変化もない情報をとらえるのは苦手です。だから単調なものに関心を示しません。注意を引くような変化がないと、振り向こうとしないのです。

つまり、人間とはそういう存在であるという前提のもとに、私たちも物の考え方を改める必要があるということです。インパクトがなければ覚えてもらえないという前提で人と接する、あるいは言葉を発する必要があります。これは何も営業で顔を覚えてもらうときに役立つだけではありません。大事なことを伝えたいときもそうです。普通の伝え方ではダメなのです。その意味でつかみ主義は新しい物の考え方であり、立派な思考法であるといえます。

人が新しいことに関心を持つのは、ショックを受けたときです。すごいものを見たとか、すごいことが起こったというように。**どんないい話でも、どんないいものでも、関心を持ってもらえない限り、つまり聞く耳を持ってもらえない限り、その相手にとっては存在しないに等しい**のです。

逆にいうと、どのような内容でも、関心を持ってもらった者勝ちです。世の中には無数に情報が溢れ、価値観も無数に多様化しています。何かに関心を持ってもらうというのは大変なことなのです。だからこそ、最初の入り口の段階を軽視してはいけないと思います。

具体的方法としては、**何かについて考えるとき、その物事の始めにちょっとした山場をつくるよう心掛ける**ということです。サプライズでも笑いでもなんでもいいのですが、少しつかみを意識するだけで、物事の流れが途端にスムーズになるはずです。

「つかみ」の三つのパターン

パターンとしては次の三つが考えられます。一つ目は、驚かせるパターンです。これは一番やりやすいでしょう。音でも視覚的効果でも、とにかく相手の関心を引くための派手なことをやればいいのです。ただし、このパターンの場合、その後、関心を持ち続けてもらえるかどうかがポイントになってきます。

単に驚かせるだけなら誰でもできますが、それとつかみは異なります。つまり、**驚かせる行為と、それに続く主張がちゃんとつながっていないといけない**のです。ただ大きな音を立てて振り向かせて、まったくそれとは関係のない話を始めても、皆過ぎ去っていくだけですから。

二つ目は笑わせるパターン。スピーチやプレゼンでよく用いられるのはこれです。なぜなら、笑いは和やかな雰囲気をもたらしてくれるからです。つかみには最適です。「さあ、聞いてあげようか」という肯定的な態度をいざなうわけです。もちろん、「もっと聞きたい」と思わせればこちらのものです。この場合も、できればその後の話と、つかみの笑いとが関連性を持っているとなおいいでしょう。

三つ目は泣かせるパターンです。これは珍しいと思いますが、人間は感動すると人の話を聞く気になるものです。だからいきなり泣かせることができれば、それに越したことはありません。いきなり泣かせることができるの？　と思う人もいるでしょう。でも、映画の予告などはうまくできています。たった一分ほどなのに思わず涙ぐんでしまうようなものがあります。

人間には誰にも共通する感動のキーワードがあるのです。それを使えば割と効果的です。たとえば、「死んじゃ嫌だー」という叫びや、「お母さーん」という叫びは、誰もが悲しい感動の場面を想像しますから、短い場面でも泣いてしまうのです。映画業界はつかみ主義をうまく活用している例といえるでしょう。

14

オリジナルな言葉で表現する

――造語化【言葉×ソシュール】

言葉を生むことは世界を創ること

「始めに言葉ありき」。これは新約聖書の最初の言葉です。神の創世は言葉によって始まったということですが、本当は言葉を生み出したのは人間にほかなりません。人間が他の動物と異なるのは、高度な言語能力を有している点です。

これによって、高度なコミュニケーションが可能になり、文化の伝承ができるようになったわけです。したがって、言葉を生み出す能力は、人間が人間であることの象徴ともいうことができます。

だから私たちは新しい言葉をつくることに喜びを感じるのです。この喜びの源泉は、いわば人間の万能感にあります。**言葉を生み出すということは、物の意味を生み出すことで**もあるからです。

同じものに別の名前をつけたとしたら、別のものになります。これはまさに、言葉によって物の意味を生み出したことになるのです。あるいは、名前のないものに名前をつけることで、そのものははじめて意味を持ち始めます。つまり、**造語は世界の創造**にほかならないのです。

スイスの言語学者ソシュールは、言葉の音の部分を意味するシニフィアンと、言葉の内容の部分を意味するシニフィエが合わさって、記号シーニュになるといいます。つまり、**言葉とは、音と、それが指す内容の組み合わせ**なのです。

だから、この音をこういう内容のものにすると決めれば、新しい言葉ができるのです。逆にいうと、同じものでも、別の音を結びつければ、別のものになるということです。わかりやすくいうと、ペンでも複数の色が出るペンは「フクデル」と呼ぶことにすれば、それはもうフクデルという新しいものの誕生になるわけです。

だから造語は新しいものの創造だというのも、あながち強引な考えではないのです。

私は造語が大好きです。大学院で勉強を始めた頃、学問、とりわけ文系の学問においては、造語をつくることがとても大切であることに気づきました。

新しい概念を生み出しているのだから当然といえば当然なのかもしれません。これは外国語を日本語にするときも同じです。哲学の世界ではよくあるのですが、欧米の概念をどう表記するかが問題になります。**表記次第で、意味が変わってくる**からです。

明治期の学者たちはさぞ大変だったろうなと思います。なにしろ一気に大量の欧米の概念が入ってきたのですから。哲学分野の多くの言葉を翻訳した西周《にしあまね》は、その意味で尊敬に値します。「哲学」という言葉そのものも、彼の造語です。最初は「希哲学」だったそうですが。

新商品や新サービスもそうですね。とくにこの場合は死活問題です。同じ中身でも、名前次第で売れたり売れなかったりしますから。その証拠に、商品でも芸能人でも、名前を変えただけで急に売れ出したりすることがあります。

そこで、この造語行為を思考法に取り入れたいと思います。たとえば、物事を考える際、新たな名前をつけてみるのです。物の名前でも、概念の名前でも、また行為の名前でもいいでしょう。そうすることで、**思考自体が新たなものを生み出すクリエイティブな営みになる**はずです。

具体的な三つのやり方

やり方としては、主に三つあります。一つ目は、**パロディをつくること**です。何かのパロディなら、簡単にできるはずです。少し変えるだけでいいのですから。でも、れっきと

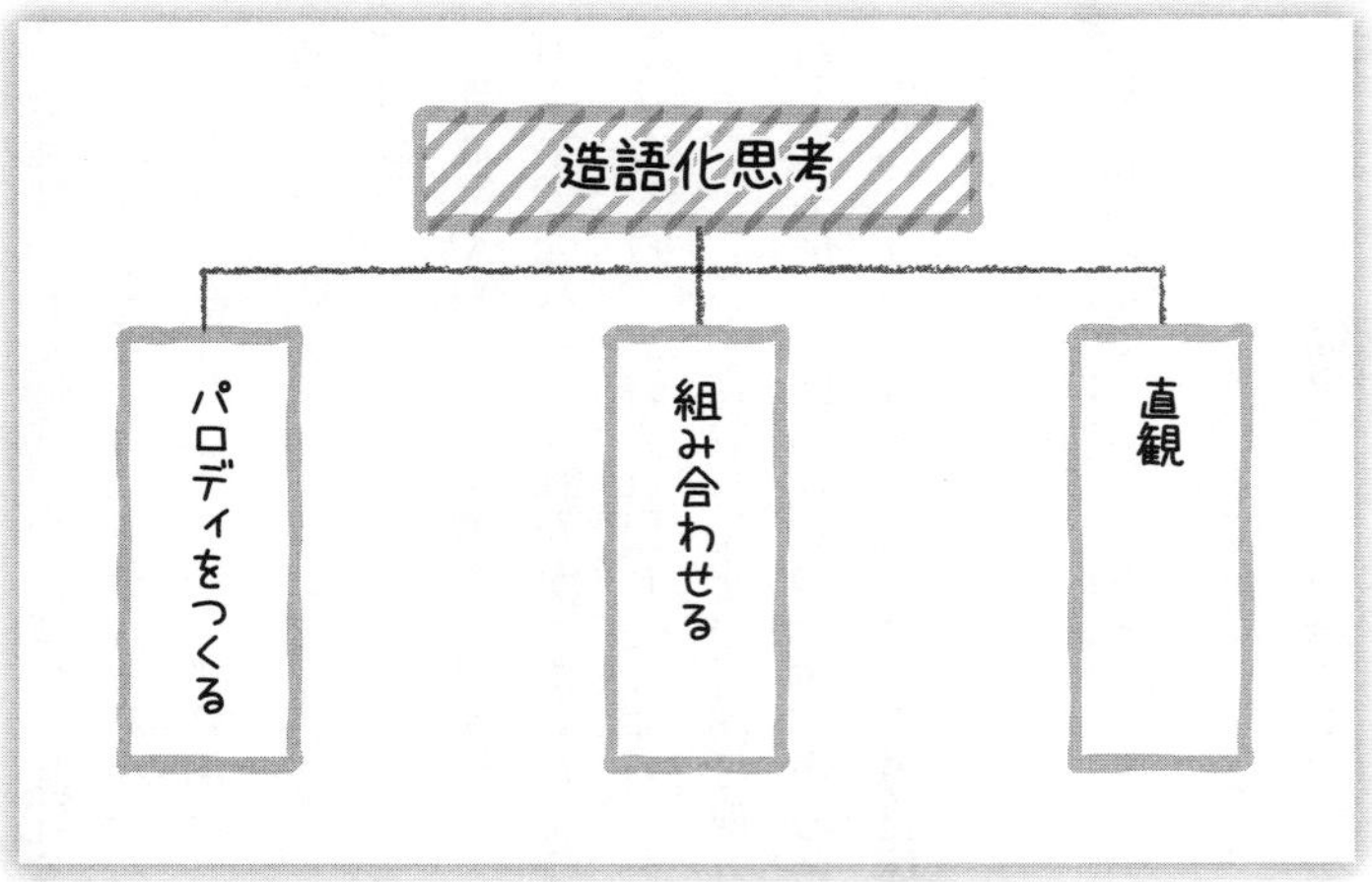

した造語です。もちろんその場合、もとの名前が持つ意味も引きずるわけですが、逆にうまくそれを活かすことができれば成功です。

北海道の有名なお土産「白い恋人」のパロディとして、大阪で「面白い恋人」というお菓子を売り出したところ、問題になってしまいました。でも、うまいですよね。私もやってみましょう。たとえば、歯医者で「歯が白い恋人」という歯磨き粉を売るのはどうでしょうか？

二つ目は、組み合わせることです。これは単純にある二つ以上のものをくっつけるだけのことです。よく銀行が吸収合併されて組み合わせた名前になりますよね。東京三菱ＵＦＪ銀行ができたときには笑いました。そんなにくっつけなくても、と。

意外なもの同士をくっつけると、より面白い名前になります。そしてそれは必然的に意外で面白いコンセプトになるはずです。一見矛盾するような語をセットにすることを撞《どう》着《ちゃく》語法といいます。キモカワイイのように。ご存じのように「気持ち悪い」と「かわいい」という反対の語をセットにしたものです。こうするとインパクトが出るうえに、「気持ち悪いけどかわいい」という新しいコンセプトが生まれます。

哲学の世界にもこういう語はたくさんあって、大きなインパクトを与えるのはたいていこのパターンの用語です。たとえば日本を代表する京都学派の哲学者、西田幾多郎《きたろう》の「絶対矛盾的自己同一」などがそれにあたります。

三つ目は、直観です。印象というかインスピレーションに基づくものだといってもいいでしょう。コメディアンの北野武さんは、こういう名前のつけ方がとても上手です。ガダルカナル・タカだとか玉袋筋太郎とか。直観で変な名前をつけられたお弟子さんは困惑しないのでしょうか……。

もちろん「名は体を表す」で、いずれも中身や本質を反映していないといけません。ただ、オリジナルな言葉がつくことで、逆に新たな意味を持つこともあります。だから造語化思考で、常に自分の思考法や概念に何か新しい名前をつけるようにしてみてください。

15

アウトプットの前に図を描く

——ヴィジュアル化【図解×ヒューム】

人間は目で見て物事を理解する

「百聞は一見に如かず」とは、本当によくいったものです。言葉で聞いただけではよくわからないことも、一目その様子を見ただけで理解できるということが多々あります。「図でわかる」とか「図解」といった売り文句の本が売れるのもそうした理由からでしょう。

プレゼンテーションでもパワーポイントを使ったりして、ヴィジュアル化するのが当たり前になっています。今やヴィジュアルを使わない話は、わかりにくいと感じるどころか、物足りなささえ感じてしまいます。

とりわけ今の時代は視覚時代といってもいいでしょう。電話もスマホになってからは、耳より目が主役。電話も見る時代なのです。画素数の高いタブレット端末や大きな画面の液晶テレビ、３Ｄ映画もそうした時代の象徴です。

学校でも視覚効果を使った授業が推奨されます。子どもたちは、文章だけの教科書を嫌い、教師が話をするだけの授業をつまらなく感じ始めています。絵がふんだんにある教科書を求め、映像教材を駆使したような授業が好まれるのです。

もちろんテクノロジーの進化は、こうしたトレンドの大きな要因ですが、やはり人間が視覚を持った生き物であることが強く関係しているように思います。**人は常に視覚で物事を理解しようとしている**のです。イギリスの哲学者ロックが、人は感覚を通じて観念を形成すると主張して以来、イギリス経験論ではそうした考え方が主流になります。

そして**スコットランド出身の哲学者ヒューム**に至っては、人間は「知覚の束」だとさえいっています。つまり、目で見た映像の集合体だということです。

さすがにそれは極端かもしれませんが、ただ、絵がないとどうしても実感がわかないのは事実です。小説を読んで情景を頭に思い浮かべるというのは、まさにそれです。

そこで、思考においてもヴィジュアル化することを提案したいと思います。つまり、**自分が話を聞いたときはもちろんのこと、自分自身が話をするときも、まず頭に図を思い浮かべる**ということです。

そもそも**しっかり理解ができていないと図は描けません。**あいまいな言葉の世界とは異なり、図は明確だからです。だから世界共通のユニバーサルなコミュニケーション手段として使われているのです。車いすやトイレのマークのように。

頭の中で図を確定したうえでアウトプットするようにすれば、相手にも話がより伝わりやすくなるはずです。私も図を多用します。思考の最中もそうですし、ある程度形にしてまとめるときにも、図を添えます。本書でも図を用いています。自分にとっても、相手にとっても理解の補助になるからです。

目に見えるものをスケッチしてみる

具体的にはいくつかのパターンがあります。まず概念間の関係性を明らかにするために図を描きます。この場合は、集合関係を表すベン図を使ったり、概念を矢印でつないだりします。

あるいは、イメージをそのまま形にするパターンもあります。たとえば、「合致する」というニュアンスを表現したいときには、パズルのピースが合わさったような図を描くわけです。さらに、動きを表現したいなら、グラフや矢印がいいでしょうし、量の差異を表現したいなら、天秤を描いたり、サイズの異なる同じ絵を描けばいいでしょう。

そう考えると、絵が上手なことに越したことはありません。何をするにも、絵を描く、図で表すという技術は使えるのです。何しろ思考の道具ですから。幼稚園から大学まで絵

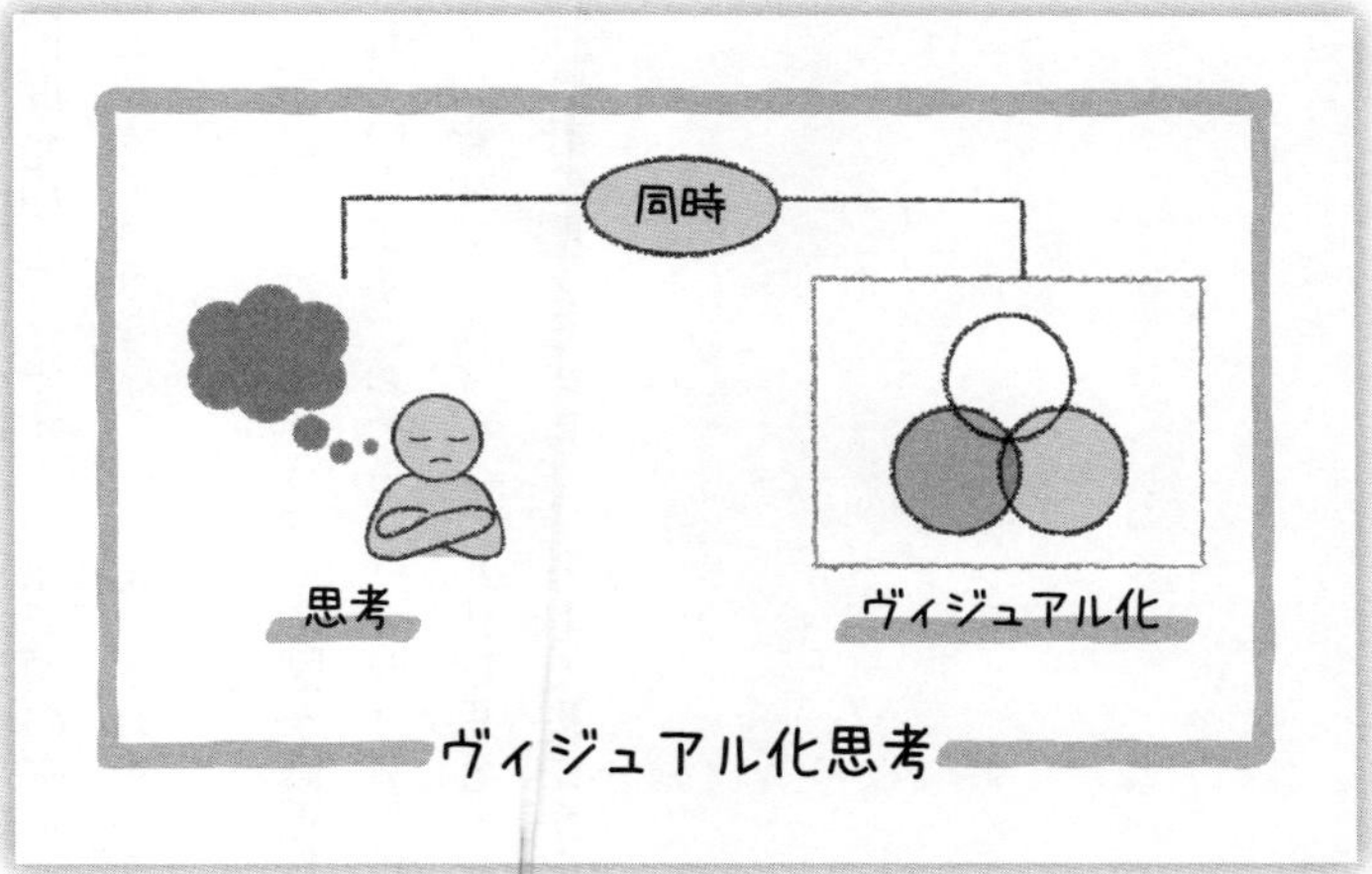

の授業がありますが、あれはそんな気持ちで真面目に取り組むべきだと思います。絵描きになる人だけではなく、あらゆる人にとって重要なのです。高校くらいからは選択になりますが、とんでもない！　絶対に必須にすべきです。

私も絵には力を入れてきました。美術部の顧問をしていたこともありますし、油絵などの絵画だけでなく、本のイラストも手掛けています。雑誌の連載で哲学者の顔を一年間自分で描き続けたこともあります。おまけにピカソに関する本まで出してしまいました……。

基本はスケッチからです。暇ができたらぜひ目に見えるものをスケッチしてみてください。無駄な会議の際、時間を有効に使うには最適です。また、**概念を図にするためには、**

何度も描くことです。一発で頭の中に完璧な図が思い浮かぶなんてことはあり得ません。とにかく何かを描いてみて、それを「ああでもない、こうでもない」と修正していくのがコツです。

面白いことに、そうやって**図を修正しているうちに、頭の中にある概念のほうも修正されていきます。**おそらくヴィジュアル化と思考は、同時に行われているのだと思います。その意味で、ヴィジュアル化は思考と一体化しているのです。私が思考としてのヴィジュアル化を唱えるのは、そうした理由からです。

第3週

「日常」を思考の道具にする

自分の価値を高められる

16

欲望に忠実に発想する
——妄想化［エロ本×プラトン］

妄想はアイデアの母

　人間は妄想をする動物です。妄想とは単なる想像と異なり、根拠もなくあれこれと思いをめぐらすことです。しかも、往々にして欲望に従って自分の思いを膨らませることを指します。

　これは仏教でいう妄想に近いと思います。仏教では、とらわれの心によって真実でないことを真実と誤って考えることを妄想というからです。

　したがって通常は妄想はいけないことであるかのようにとらえがちですが、アイデアに関してはそんなことはありません。人間は欲望に忠実になったほうが、より自由に面白い発想ができるからです。

　かつて「妄想ニホン料理」（ＮＨＫ）というテレビ番組がありました。日本の料理を実物を見せずに、歯触りなどのヒントだけで説明し、外国の人につくってもらうという企画です。「誤解は発明の母。『正解』を知らないからこそクリエイティブになれる！」という番組のキャッチフレーズどおり、妄想だけでつくるほうが、本物より面白いものができ、観ていて思わずよだれが出てきたこともしばしば。

発想というのは、制約を取り払い、自由になればなるほど面白くなるものなのです。しかも、妄想のように欲望に忠実になると、出てくるものもまた、見る人の欲望を刺激するに違いありません。写真集やＤＶＤなどで妄想をテーマにしたものがありますが、あれは欲望を刺激するから受けるのでしょう。

欲望とは、自分に欠けているものを追求する営みです。だから妄想とは自分が心の奥底で求めているものなのです。**古代ギリシアの哲学者プラトン**のいう**エロス**のようなものです。

プラトンによると、**物事の本質は、理想の世界であるイデア界に存在する**といいます。つまり、それは現実の世界にはないものなのです。だから追い求める。彼はそんなエネルギーのことをエロスと呼びました。エロスと聞くと性的なエネルギーを思い浮かべる人がいるかもしれませんが、まさにそれです。

いわゆるエロというのは、このエロスから来ているのです。でも、ただいやらしいという意味ではなくて、あくまでないものに憧れ、追い求めるということです。だからエロスは妄想のエネルギーの一つだと思うのです。

もちろん性的なものに限りません。人生の夢でもなんでもそうです。**憧れの職業に就き、憧れの国で過ごすイメージを思い描く。**これもエロスに基づく妄想です。そしてこの妄想がパワーとなって、人は頑張るのです。その意味で、**妄想はアイデアの源であるだけでなく、パワーの源**だということもできます。

では、どうすれば妄想を喚起することができるのか？　妄想が欲望の産物である点に鑑みるならば、欲望が高まるような状態に自分を持っていく必要があります。そのためには、ある程度の我慢をすればいいのです。そして、その状態で妄想を行うのです。きっと普段とは違う思考ができるに違いありません。

どんどん求めて、我慢して、実現する

さて、ここで妄想を活用する思考法についてお話ししたいと思います。いったいどうやって妄想を思考に活かすのか。

まずは自分のやりたいことをすべて書き出してください。この場合、包み隠さず書き出す必要があります。別に人に見せるわけではないので、あえて欲望丸出しにするのです。

逆にそうでないと、使えません。誰に見られてもいいような優等生の回答では、面白くもなんともないからです。

次に、**その一つひとつのやりたいことのイメージを膨らませていってください**。ここでは具体性がカギを握ります。具体的でリアルであるほど、燃えてきます。妄想はどんどん膨らんでいくのです。これもまた人に見せるわけではないので、具体的な個人名を入れて

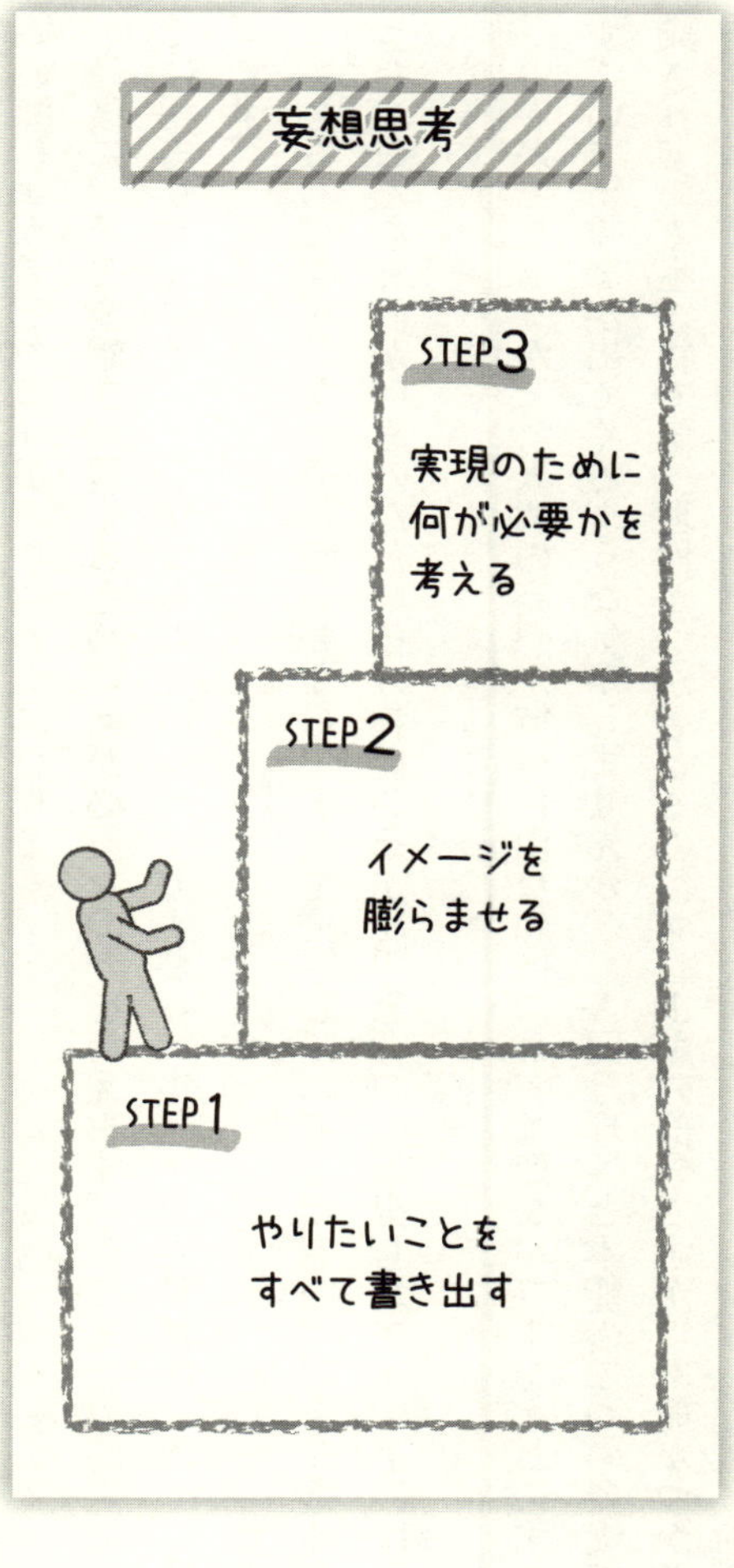

いいでしょう。そのほうがよりリアルになります。

最後に、**その妄想を実現するために何が必要なのかを考えます。**ここまでの時点で、すでに相当リアルにイメージが膨らんでいるはずですから、実現手段も具体的に出てくるはずです。

もちろん、存在しない道具が必要なら、それを描写してみてください。こんな機能を持った、こんな装置がいるのだと。その装置こそが妄想思考の生み出したアイデアにほかならないのです。

いかがでしょうか？　人間の妄想が持つ自由な想像力と、強烈なパワーをもとにすれば、すごいアイデアが出てくるような気がしませんか？　人間は理性と本能の二つの要素で構成されている生き物です。理性がつかさどるのはブレーキの部分ですが、本能がつかさどるのはアクセルなのです。

アイデアのように物事を推進し、新たなものを生み出すには、アクセルが求められます。言い換えると、本能のほうが向いているのです。だから本能をむき出しにしたほうがいいと思います。

妄想とは本能です。アイデア勝負のこの時代において、カギを握るのは闘争本能ならぬ妄想本能だったのです。**だから私は学生たちにもエロ本を読むことをすすめています。**ただし、すぐに入手するのではなく、我慢して我慢して、それから入手する。いや、エロ本だけではありません。欲しいものは何でもそうです。

欲望を断ち切るなんて、去勢にも似た野蛮な行為です。どんどん求めて、我慢して、実現する。これが妄想思考の本質なのです。その点では最近のインターネットはよくありません。我慢のプロセスを取り除いてしまうからです。なんでもすぐに簡単に手に入るというインターネットの特質は、妄想思考にはマイナスのようです。皆さん、ネットの使用を控えてくださいね。妄想力が劣化しないように……。

17

あえて風変わりを演じる
――アーティスト思考【日常×ヘーゲル】

丸は四角に、黒は白に

アーティストと普通の人の最大の違いは何でしょうか？　それはやはり思考の仕方だと思います。いかなる分野のアーティストも、物事を普通とは少し異なった形で行っています。だからこそ芸術的な作品を生み出すことができるのです。

では、どこがどう違うのか。それはなんといっても自由な思考でしょう。決まりにしたがって機械的に思考するのではなく、またただ論理的に思考を行うというのでもありません。その真逆で、むしろ既存の決まりに逆らい、その反対のことを行おうとさえするのです。あるいは、論理とは正反対に、支離滅裂に考えるのです。

ドイツの哲学者ヘーゲルは、美を高く評価します。芸術に関する講義をまとめた『美学講義』では、美を人間の精神の自由を表現したものとして位置づけています。だから芸術は、理念を具体化した理想的なものとして称えられるのです。芸術作品には、魂が表現されているということです。

そんなヘーゲルの『美学講義』を愛読書とするフィギュアスケーターがいました。残念ながら早くに引退してしまいましたが、ソチ五輪でも大活躍した町田樹《たつき》選手です。彼は「氷上の哲学者」の異名のとおり、まさに芸術作品としてのフィギュアスケートの中に、魂を表現しているように見えました。だからでしょうか、彼の滑りを見ると、いつも胸が熱くなったものです。

美を表現するとき、魂は解き放たれ、自由を極めます。だから芸術では何をやってもいいわけです。一切の制約を取り払って、魂を存分に躍らせればいいのです。

すると意外性が生まれます。丸であるはずのものは四角くなり、黒いはずのものは白くなったり、虹色になったりするわけです。この自由な発想がアートの源泉です。

アートについて考えるときは、このような発想をするのは当たり前かもしれません。しかし、私の提案は、**普通の物事を考える際にもこの自由な発想を用いよう**というものです。つまり、アーティストのように自由に発想することで、意外で面白い、芸術的な成果を生み出そうというわけです。

これはなにも、作品をつくるような仕事だけに当てはまるものではありません。仮に**機**

械的な仕事や、事務処理を行うだけの仕事にも適用できると思うのです。どんな営みにも芸術的と称される現象があり得ます。それは精度の高さに加え、面白い発想が反映されている状態をいうのです。ぜひアーティストになった気分で、自分のやっていることを芸術に変えてみてください。

ノートやメモを筆ペンで書いてみると！

その意味で最近よく話題になるのは、普通に伝えるべき事柄をラップに乗せて伝えるというものです。ＹｏｕＴｕｂｅなどで話題になるのですが、政治的メッセージのようなシリアスなものから、休校をラップに乗せて伝える校長先生や、ラップに乗せて交通整理するおまわりさんまで。

あるいは詩を詠んで、その世界観の中で天気予報を伝える「詩人天気予報士」が話題になったこともありました。ＹｏｕＴｕｂｅで見ましたが、たしかに面白い。どうして詩で天気予報をと思ってしまいますよね。そこがアート思考の狙いなのです。本人がどこまでそれを意識しているかはわかりませんが、普通の事柄にアートの要素を加えたのは事実です。

具体的には、いくつかのやり方があります。まず、詩人天気予報士のように、普通の事柄にアートを足すものです。このパターンは結構簡単です。絵を描きながら何か別のことをする人や、楽器を弾きながら何か別のことをする人はたくさんいますから。もともと一芸があれば、それをしながら普通のことをすればいいのです。自分に何もなければ、人とコラボすればいいでしょう。ピアノを弾ける人を呼んできて、生の演奏に合わせて事務仕事をしてもいいわけです。成果がどう変わるかは微妙ですが……。

あるいは、普通の事柄を変なやり方に変えてみるのもアート思考です。本を逆さにして読むとか、後ろ向きに歩くとか、両手に箸を持ってご飯を食べるとか、上着をズボンのように履いてみるとか……。どれも変人ですよね？　でも、アーティストと変人は紙一重、いや、変人そのものです。

こういう変な思考が、新しいアイデアを生み出したり、物のやり方を刷新するのにつながったり、**なにより自分の人生観をガラッと変えるきっかけになったりさえする**のです。常識にとらわれていた自分を解放し、自由な発想、自由な生き方に目覚めさせてくれるわけです。

少しハードルが高いですか？　そういう方のために、すぐに日常で実践できそうな例もご紹介しておきましょう。たとえば、ノートやメモを筆ペンで書いてみるというのはどうでしょう？　急いでいたとき、たまたま普通のペンが見当たらず、手元にあった筆ペンでノートをとったことがあるのですが、まるでアート作品のようになったのを覚えています。最初はその程度でもいいのです。要は枠にとらわれないで自由にやるということです。

私たちが芸術に感心するのは、その発想の自由さです。そしてその自由さから人間の無限の可能性を感じ取るのです。美術館に行くと不思議とクリエイティブになるのは、そうした理由からです。

私も美術館が大好きで、とりわけ現代アートには目がありません。アメリカにいたときも、よくニューヨークの美術館に出かけましたが、メトロポリタンより近・現代アートに特化したMoMA派なのです。それはやはり発想の自由さに刺激を受けるからです。

私は、**人生はいくらでもクリエイティブにすることができる**と信じています。ピアノが弾けない人はたくさんいても、変なことができない人はいませんよね？　その意味で、人は皆アーティストなのです。

18

成り行きに身を任せてみる

——和風化【柔軟性×和辻哲郎】

自然に忠実に柔軟に

日本ぽい風景というのはあるものです。私たちはそれを和風と呼びます。もちろん何を和風と呼ぶかは一義的には決められないわけですが、伝統的な形状、材質、色合いがそれを規定しているように思われます。

たとえば、形状でいうと、神社仏閣や着物、田園風景などがそれにあたるでしょうか。材質でいうと、木、石、絹などでしょうか。色合いはどぎつい色ではなくシックで淡いものがそれにあたります。和の色は、桜色や萌葱《もえぎ》色などの比較的有名なもののほかに四〇〇以上もあるのです。

文化もそうでしょう。先日外国人に日本文化を体験してもらうイベントを開いたのですが、設けられたメニューは茶道、華道、着物、ひな祭り、餅つきなど。華やかではあっても、色合いは落ち着いており、日本ぽいなぁと思えるものばかりでした。

やはりこれらはいずれも日本の自然や風土に由来するものなのだと思います。その意味では、和風というのは日本そのものを表現しているといっても過言ではないでしょう。明確な基準があるわけではないにもかかわらず、誰もが和風だと感じることがありうるのは、そうした理由からだと思われます。

哲学者の和辻哲郎は、『風土』の中で、モンスーンによる台風や洪水といった自然の厳しい変化が、日本人の性格を柔軟で忍従的にしたのだといいます。たしかに、**自然の変化に合わせることで、柔軟性が育まれた**というのは理に適っています。

もちろん、日本の文化については、アニメやマンガを中心とした最近のクールジャパンのようなものも含まれてきます。ただ、それは最近の傾向であって、伝統的な「和風」という言葉になじむものではありません。

現に、日本の文化を求めて日本にやって来る人たちや、先ほど紹介したようなイベントに集まる人たちは、皆純和風なものを求めています。それはまさに伝統的な日本の姿なのです。

さて、この和風を思考に活かすとどうなるでしょうか。つまり、和風化するとどうなるかということです。基本的には日本の自然や風土に即した発想をするということになるのでしょう。

言い換えると、温暖湿潤で四季の変化がはっきりとしているこの自然に逆らわず、その時々の気候に柔軟に合わせていくということです。とりもなおさずそれは、自然に忠実な柔軟さを意味します。侘《わ》びや寂《さ》びもそうした自然をそのまま受け入れる態度にほかなりません。

何事に対しても当然の成り行きに身を任せて発想する。おそらくその延長線上に、環境思想であったり、和を重んじる思想があるのだと思います。

もう少し公式化するならば、こういうことになるでしょうか。**まず、さからわずに柔軟に受け止める。しかしそれは反面、それぞれの場面ごとに異なる形式を重視することにもなります。**だから日本には様式や作法がたくさんあるのです。

茶道でも華道でも、一般の日本人にはわからない作法がたくさんありますよね。でも、あれがいいところなのです。自然に合わせた結果としての作法なのですから。問題はそんな形式を重んじる態度が、ただの悪しき形式主義を生み出している部分もあることです。たとえばお役所の形式主義のように。これは平安時代の有職故実《ゆうそくこじつ》にさかのぼるという人もいるくらいです。

古くて新しいもの

ところで、日本の思想というと、つい保守的な思想を思い浮かべてしまう人がいるかもしれません。日本を礼賛するいわゆる右傾化した人たちのことです。でも、それは私のいう和風化思考とはまったく別のものです。伝統を重んじるなどというから誤解されるのかもしれませんね。

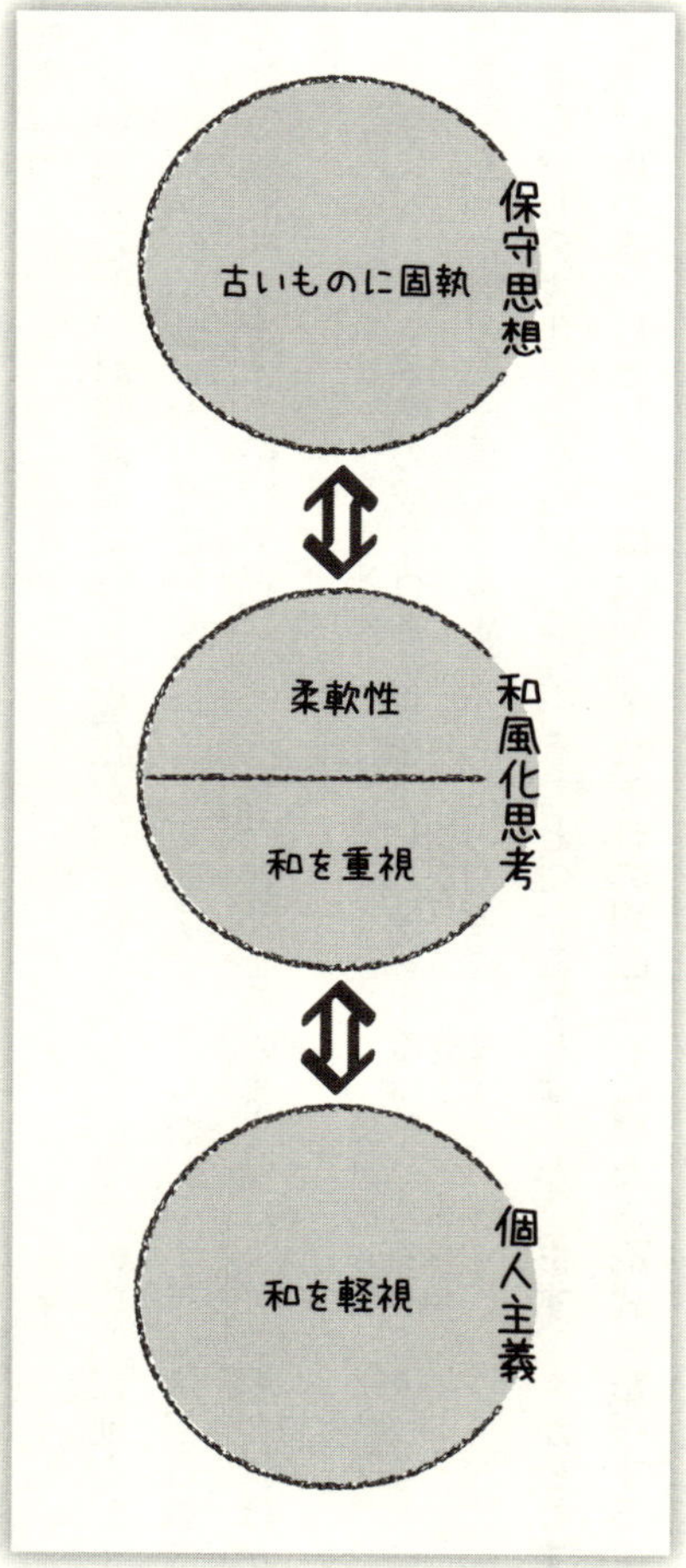

保守的な思考をする人たちも、たしかに伝統を重んじます。それは日本の伝統的な文化を重んじることを含みます。でも、本来の日本の文化とは自然の変化と一体化するような柔軟性をいうのであって、やみくもに古いものに固執するような頑なな態度とは一八〇度異なるものなのです。あくまで柔軟性が主であることを忘れてはいけません。

また、**柔軟であるということは、和を重視するということ**でもあります。日本では聖徳太子以来、「和をもって貴しとなす」と教えられてきました。和こそがもっとも大事なのだと。だから、和をつむぎ出すことを念頭に置いて思考するＤＮＡのようなものがあるといっていいでしょう。

ところが最近は、和を軽視しがちな欧米の個人主義の影響に加え、インターネットがもたらす対人コミュニケーションの希薄化によって、それを忘れてしまっているのです。だからこそ、あえて声高に和の重要性を叫ぶ必要があるように思います。つまり、和風化思考は、古くて新しいのです。

19

下手に出る
——自虐化［おしい！×アドラー］

卑下するキャラを利用する

私は関西の出身なのですが、関西は吉本興業に象徴的なように、お笑い文化の一つの聖地でもあるといえます。関西の中心地大阪は、もともと商売の町なので、笑いが商売を進めるうえでの緩衝材になっていたのでしょう。

とりわけ自虐《じぎゃく》的な笑いが多いように思います。これも自分を卑下することで、相手を立てる商売の風習から来ているのではないでしょうか。自虐ネタで笑わせることのメリットは、誰も傷つかないことです。だから必ず受けるのです。

ちなみに私は、いつも顔がでかいとか足が短いとかいった自分の身体的特徴や、司法試験に失敗してフリーターになってしまったという人生の失敗をネタにします。これによって相手の心を開くのです。**上から目線では相手の心を開くことはできません。だから卑下**

することが必要なのです。

もちろん自分はわざとやっているわけですから、本当に卑下しているわけではありません。商売と同じで、あえて下手に出て相手を喜ばせているだけなのです。ここがポイントです。

スイスの心理学者ユングがペルソナという概念を唱えています。ラテン語で「仮面」を意味する言葉に由来します。**人間があたかも仮面をかぶるかのように、対外的に複数の人格を使い分ける様**を表しているわけです。要はそんなペルソナの一つとして、卑下するキャラの自分を利用しようということです。

よくコメディアンは頭がいいといいます。どうすれば相手が笑うか計算し尽しているというわけです。ですから、コメディアンを笑っている人は、本当は彼らに笑わされているのです。その証拠にインテリ芸人と呼ばれる高学歴のコメディアンはたくさんいます。仮に高学歴ではなくても、昔から賢かった、つまり頭の回転が速かったという人が多いですね。

わざとぼけたり、わざと自分を貶《おとし》めて笑わせるなどというのは、周囲の状況をしっかりと洞察し、文脈を的確に読んでいないとできないことです。**フランスの哲学者ベルクソン**が笑いについて論じています。彼によると、笑いとは「機械的なこわばり」が生み出すものだといいます。つまり、滑らかな流れの中で生じるつまずきのように、意外性がもたらすものなのです。

こう来るだろうと周囲が予測している中で、あえて反対のことをいうと受けます。それは**うまく意外性を生み出すことに成功**したからです。自虐的であるということは、まさにそんな意外性にほかなりません。誰もまさか自分を貶めるなんて思っていないわけです。だから意外で、おかしいのです。

さて、このメカニズムは物事をうまく進めるのに使えると思います。つまり、まずは自分を下げることで相手を優位に立たせた気持ちにするのです。そこで相手の積極的な行為を引き出します。しかし、実はそれは戦略であって、最終的には自分が得をするように持っていくのです。

もしかしたら、お笑い芸人が世の中を席巻しているのは、この戦略をうまく活用しているからかもしれません。自虐化思考は、人生成功するための切符なのです。

「おしい！　広島県」

オーストリア出身の心理学者アドラーは、劣等感を成長のためのばねとして位置づけました。おそらく自虐的なことをいう人たちも、内心劣等感を持っているのでしょう。それは私自身がそうだからよくわかります。でも、その劣等感を決してネガティブなものとして終わらせるのではなく、むしろポジティブに活かして、より成長したいと思っているはずなのです。その意味で**自虐化思考は、まさに劣等感を成長に変える契機となるもの**です。

具体的には、先ほども触れたように、常に周囲をよく観察することが大事です。そして文脈を読むのです。今の話の流れ、思考の流れがどうなっているか。次に、その反対の流れが何を意味するのか考えます。その反対の流れに自分を貶める内容をかぶせるのです。

これは個人に限った話ではありません。企業でも国家でも、何にでも当てはめることができます。うちの会社はすごい、世界一というのもいいですが、ここが欠けていますという言い方は、逆にインパクトを持ちます。なぜなら、その欠けている部分を補おうと、今必死に頑張っているという宣言になるからです。

以前、広島県が「おしい！　広島県」というスローガンでPRをしていました。広島県は厳島神社や原爆ドームをはじめ観光資源が豊富なのに、あまり知られていないから「おしい」と表現したのです。普通は「おしい」という言葉はネガティブな意味に使われますから、県のPRにはふさわしくないように思います。ところが、この自虐的な発想が受けたのです。私にいわせると、これは自虐化思考の典型的な成功例です。

こんな調子で発想すればいいわけです。**だからむしろネガティブな言葉を探してきて、**

PRしたいものにくっつけてみるといいかもしれません。「きたない」「小さい」「ダメな」「弱い」「物足りない」「役に立たない」「臭い」「いまいちな」などというように。一見PRとはほど遠そうですが、「小さな巨人」は小柄なのに優れたスポーツ選手に送られる褒め言葉でもあります。

とはいえ、私も「役に立たない哲学者」だとか「いまいちな哲学者」といわれると、さすがにPRとは思えませんが……。

20

癒しの存在になる
――ヒーリング化［ゆるキャラ×アガペー］

ゆるキャラは教祖だった!?

今ほど癒しが求められている時代はありません。ゆるキャラの全盛もその象徴といえます。ゆるキャラの特徴は、親しみやすさにあります。まさにそれはヒーリング効果を狙っているわけです。

それにしても、なぜ今ヒーリングが求められるのでしょうか。おそらくそれだけ人々が傷ついているのだと思われます。コンピュータに振り回され、厳しい競争の中で敗北感を味わい、個人主義化によって孤独にさらされる。そんな時代だからこそ、人々はヒーリングを求めるのでしょう。

ヒーリングとは癒しですが、**癒しというのは自分の傷だけでなく、弱さや醜さ、いわば自分のすべてを受け止めてくれる抱擁感のようなもの**なのです。私はこれはキリスト教的な**無償の愛アガペー**に似ていると思っています。すべてを受け入れる愛です。だから誰もが求めるのです。

今奇しくもキリスト教的なといいましたが、たしかに宗教では心を癒すことを目的にしている部分も見受けられます。皆教会で牧師さんに心を癒してもらうのです。これはキリスト教に限った話ではありません。どんな宗教もそうした側面があるのです。

ゆるキャラもちょっと宗教に似た要素がありますよね。一世を風靡《ふうび》したフナッシー教やクマもん教なら相当数の信者を集められそうです。

もちろん彼らはヒーリングをもたらす教祖です。神道や大乗仏教のような縛りのゆるい宗教を好む日本人が、ゆるキャラを文字通りゆるく信仰しているのも、あながち理由のないことではないような気がします。

もちろんゆるキャラはビジネスであったり、ローカルアイデンティティであったりするわけですが、それとは別に人々を癒す一種の宗教であるといえるのではないでしょうか。

さて、そこで**思考にもそんなヒーリングの要素を加える**ことを提案したいと思います。そのためには、どうすればヒーリング効果がもたらされるのかを考えておく必要があります。

「ね」の一文字が持つすごい効果

まず、消極的な要素としては、与えるショックを最小化することでしょう。その意味で、奇抜なアイデアはNGです。言葉でもデザインでも、とにかくどぎついものであってはいけません。

次に、心を和ませる積極的な効果が求められます。丸いとか、かわいいとか、自然の色や香りに近いとか、そういう柔らかなイメージが必要なのです。とがっていたり、醜かったり、強い色や香りはダメです。

これらの要素を思考に加えてみましょう。そうすると、**常にショックを最小化し、柔らかさを考慮する**ということになります。物やサービスの場合はわかりやすいですよね。子ども用の商品やサービスはヒーリング効果を備えたものが多いように思います。子どもはショックが苦手で、柔らかさを求めますから。おもちゃも洋服も文具も。

サービスでいうと、子ども用の利用サービスは、病院の外観からして異なります。小児科の個人病院は、いかにも楽しそうな雰囲気です。残念ながらやっぱり中は怖いのですが……。

こうした要素は、一言でいうと、人を受け入れる要素なのだと思います。奇抜で、尖っていたり、硬かったりすると、どうしても近寄りがたくなります。それは人を拒絶し、遠ざける効果があるのです。その反対にほんわかしていて柔らかければ、いかにも自分を抱きしめてくれそうな感じがしますよね。**人は受け入れられることで、癒される**のです。

そのほかにもヒーリング化は、人を説得するときなどにも使うことができます。**ショックを和らげ、かつ和ませることができれば、たいていの説得はうまくいく**でしょうから。

具体的には、話の持っていき方や表現に注意したりすることになると思います。角の立つ話し合いが苦手な日本人にはぴったりといえます。

私は言葉を伝える際に、常にこのヒーリング化を意識しています。とりわけメールで文書をやりとりする時代ですから、とかく表現が冷たくダイレクトになりがちなのです。

メールの文章は簡潔にするのがマナーとはいえ、簡潔であることと冷たいこととはイコールではありません。簡潔でも真心のこもった文章を書くことは可能です。そういう意識がないから、トラブルになるのです。メール文のやりとりでトラブルになった経験は皆さんもあるのではないでしょうか?

少しヒーリング化を意識すれば、否定的な返事でもショックを和らげ、和ませることは可能です。たとえば、一緒にやろうと誘われたときに、「一人でやります」とだけ書くと、とても冷たい感じがするものです。ここで「一人でやりますね」と**「ね」を加えるだけで、**

大きく印象が変わってくるのです。これがヒーリング化です。

たった一文字ですよ。簡潔にして、かつ温かいと感じませんか？　これは気持ちなのです。なんとか相手のショックを和らげ、和みをと配慮すれば、この一文字が出てくるのです。もちろん、「すみません」と付け加えることができればなおいいですし、**「！」や「……」のような記号を使うことができればさらにいい**でしょう。ビジネスメールでなければ、顔文字とかを使うのもいいですよね。ぜひいろいろと工夫してみてください。

21

上部構造をいくつも想定する

——プランB［不測の事態×マルクス］

次の策を織り込んで物事に取り組む

アメリカの映画を観ていると、よく「プランB」という言葉が出てきます。もともとのプランに対する予備のバックアッププランという意味です。つまりbackupのBなのです。ただ、たまたまBなので、もとのプランはプランAと呼ばれたりします。

作戦が失敗したときなどに、「プランBに切り替えだ」という感じで使われるのです。映画などでは、プランBのほうが断然面白かったりします。それはそうですよね。予定していた作戦が失敗して、急にハラハラドキドキの展開になるわけですから。

おそらく実際のプランBもそうだと思うのです。想定はしていたというものの、所詮は予備の作戦です。割合でいうと、普通は9割以上プランAに力を入れているはずです。物理的な用意から練習から、心の準備まで含めて。

それを突然プランBだといわれたら、とまどうに決まっています。たぶん「プランBに移行する」といわれた人たちは、皆顔が引きつっていることでしょう。

そんなの想像できないという人が多いかもしれませんが、実は誰もが体験しているのです。たとえば、遠足で雨が降ったケース。延期できない場合は、体育館でお遊戯をして、お弁当を食べて終わりというのを体験したことはありませんか？　こういうのもプランBなのです。

つまり、天候によって予定が変わるのは、まさにプランBなのです。たしかに、雨の場合にそなえて本気で練習する人はいませんよね。「そのときはそのときだ」などと思っているのではないでしょうか。普通はぶっつけ本番です。

まぁ遠足はそれでいいとしても、人生の大事な作戦はそうはいきません。就職面接だとかビジネスの交渉のようなものは、いずれも作戦を立てたり、シナリオを用意したりしているものです。私もやりました。

ところが、相手がある場合は、何事もうまくいかないのが当たり前なのです。ここが不思議なところで、**人はどうしてもシナリオ通り行くと思ってしまうのです。でも、うまくいかないので、焦る**わけです。

それならいっそ、最初からプランBに移行するという前提で臨んだほうがいいように思います。これがプランB思考です。最初からプランBを織り込み済みで物事に取り組むという思考です。

ドイツの哲学者であり経済学者のマルクスは、経済が下部構造となって、上部構造である社会の制度や政治を動かしているという分析をしました。いわゆる上部・下部構造と呼ばれるものです。

プランBを織り込んで思考するというのは、この上部・下部構造を応用するとよくわかってもらえるのではないでしょうか。つまり、プランAもプランBも、同じ下部構造のうえの上部構造の一つとして位置づけるのです。その場合、下部構造は作戦の目的でしょう。

通常はプランBをまるでおまけのように、あるいはオプションのように位置づけているわけです。だから焦るのです。でも、人生においてはプランBに移行する可能性のほうが高いのです。とするならば、**プランAとプランBは並列に扱っておく**ぐらいのほうがいいと思います。**たまたまプランAからやるに過ぎない**のです。

常に不測の事態を想定して考える

少なくとも人生に関しては、プランAとプランBを並列に位置づけておくほうがうまくいくでしょう。そうすると、プランBの準備にも力を入れるようになるでしょうし、何よ

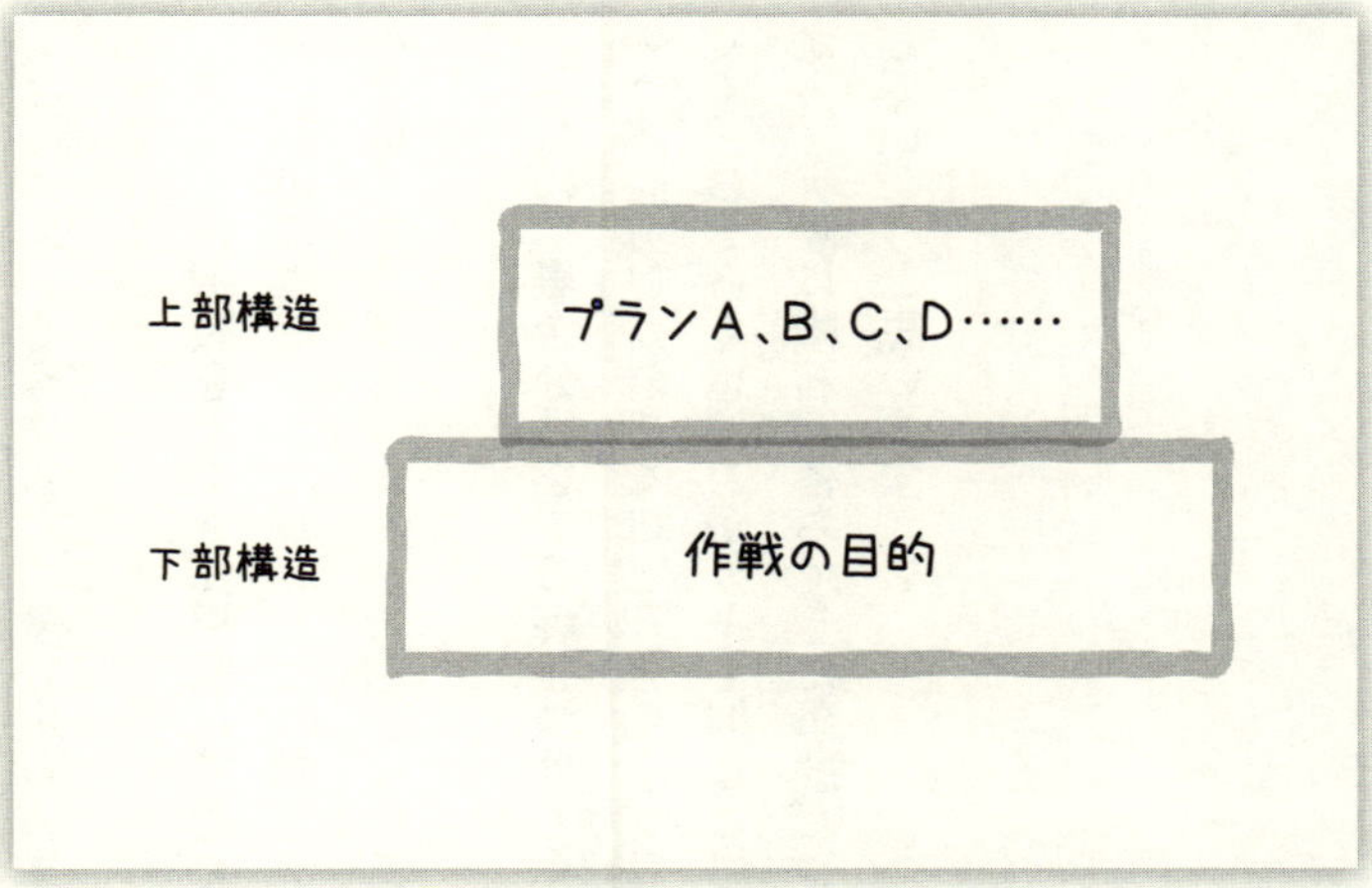

り心構えが変わってきます。備えあれば憂いなしです。

　また、プランBは一つである必要はありません。その意味では、プランC、D、E……といくらあってもいいわけです。いや、状況は刻一刻変わりますから、むしろ無数にプランがあってもいいのかもしれません。ただ、いずれも下部構造のうえに乗っかった上部構造であることには注意すべきでしょう。

　具体的思考としては、まず、**常に不測の事態が起こりうると思っておく**ことが大切です。これはある意味で人生観の転換さえをも意味する大問題です。たとえば、今急に隕石が落ちてきて、天上が破れるなんて思っている人はいますか？　でも、わかりませんよね。常にそんなことがありうると想定せよということなのです。そうすると、多分生き方まで変わってくると思います。慎重になるといってもいいでしょう。

次に、**選択肢をたくさん用意しておく**ことです。何が起こるかわからないということは、何かが起こったときに取ることのできる選択肢が多いほどいいことになります。仮に不測の事態であっても、たくさん選択肢があれば、どれか近いものを使うことができるでしょう。

さらに、**場合分けをする癖をつけてください。**こんなことが起こった場合はこうなるという場合分けが詳細なほど、強靭なプランBができ上がります。シナリオ・プランニングです。おそらく想像力がカギを握ると思います。この世にあり得ないことなどないのですから。実際に隕石が落ちてきた事態だってあるのです。私も今日からあらゆる状況を想定していこうと思います。

22

「みんな違ってみんないい」

——全部個性主義【非合理×フーコー】

合理性だけでは行き詰まる

教育現場では、最近やたらに注意欠如・多動性障害（ＡＤＨＤ）や学習障害（ＬＤ）のような発達障害の話題が出てきます。それだけ医学が進んで、これまで単に問題児とされていた子たちが、きちんと病気の患者として扱われるようになったことを意味しているわけです。

しかし、私はこの流れに大きな疑問を感じます。果たして彼らは病気なのか？　たしかに先天的に脳などに障害があるのかもしれません。その点を否定するつもりはまったくないのです。

仮にそうだとしても、それは個体差ということでいいではないかと思うのです。つまり個性です。実際、かの天才アインシュタインも典型的なＡＤＨＤの症状を持っていたといいます。

そもそも精神の病とは何なのでしょうか？　正常な脳とはいったい何を指すのでしょうか？　**フランスの思想家ミシェル・フーコー**は、中世までは神がかりのある人は文字通り神のような存在だったのに、近代になると皆精神病院に閉じ込められてしまったと論難しています。

なぜなら、近代というのは合理性がモノサシとなる社会なので、非合理なものは皆狂気だとして、権力によって排除されてしまったからです。それが今なお続いているのです。発達障害という概念は、そんな権力による狂気の排除にほかなりません。

非合理な考えや発想は、合理的に社会を運営していくうえで不都合だから病気のレッテルを貼って排除しているのです。現に、自分のペースで自分の才能を伸ばそうとする子がいたら、学校は困ります。

そこで、発達障害というレッテルを貼り、特別な学校に行ってもらうか、例外的扱いをして、彼らの行動を押さえつけるのです。合理性に優れた人たちを伸ばすために、非合理な人たちは犠牲になるわけです。

でも、果たしてそれでいいのでしょうか？　私は二つの点で問題があると思っています。一つは、排除された人たちが不幸な人生を送るという点で。もう一つは、そういう人たちのせっかくの才能を社会が活かし切れないという点で、です。

前者は人権問題ですらあります。なぜ閉じ込めるのか。個性や多様性を認めようといいながら、病気のレッテルを貼ってしまった時点で、それはもう個性を否定したに等しいのです。

後者は社会の進歩にとって問題です。世の中を変えてきたのは、人並み外れた視点や能力を持った人たちです。そんな人たちの出現を押さえつけてしまっては、世の中は何も変わりません。**合理主義は事なかれ主義に親和的です。波風立てず、前例踏襲したほうが合理的だからです。でも、それでは時代の行き詰まりを突破することはできない**のです。

「全部が個性」で社会は変わる

そこで私は、発達障害をはじめあらゆる精神的病を個性ととらえて思考することを提案したいと思います。全部個性ととらえるのです。そうするとどうなるか。まず、規則やルールを最小化するようになると思います。規則やルールというのは、全体を画一的に扱うためのものです。でも、できるだけ個性を認める方向でいくと、それはなじまないのです。

次に、異質であることを称賛し、高く評価する発想になると思います。とりわけ画一性を重んじる日本では、「変わっている」というのは、ネガティブな表現ですが、それが称賛されるべき価値になるのです。常に違うものを模索し、違うことをいおうとする態度が望まれるようになります。

さらに、あらゆる人、あらゆるものを尊重するようになります。すべてに高い価値があるのですから。ダメな人やダメなものなど存在しなくなります。**誰もが個性を持ったかけがえのない存在であり、何もかもが役立つものに変わる**のです。

以上のような全部個性主義を採用すれば、世の中のあり方が大きく変わってしまうことが想像できるのではないでしょうか。日本の現状からすると一八〇度の転換といっていいでしょう。教育もマス教育から個別指導へと変わるでしょう。いや、教えるのではなく、自由に才能を伸ばす手助けをする程度になるでしょう。

世の中はある意味で天才だらけになるのです。落ちこぼれはいません。**就職活動で同じ色のスーツを着る必要もなくなる**でしょう。何より新卒一括採用なんてばかげたこともなくなるはずです。みんな工場の既製品みたいに同じ規格で、同じ時期に大量生産されることはなくなりますから。全部個性主義はあらゆる人にとって「人間の解放」なのです。

誰からの解放かというと、今まで人々の個性を抑えつけて、既得権益をほしいままにしてきた人たちからの解放です。既得権益を有している人の多くは、近代社会の合理性偏重主義の中で恩恵を被ってきたエリートやお金持ちです。そして実は、ある意味で、そうし

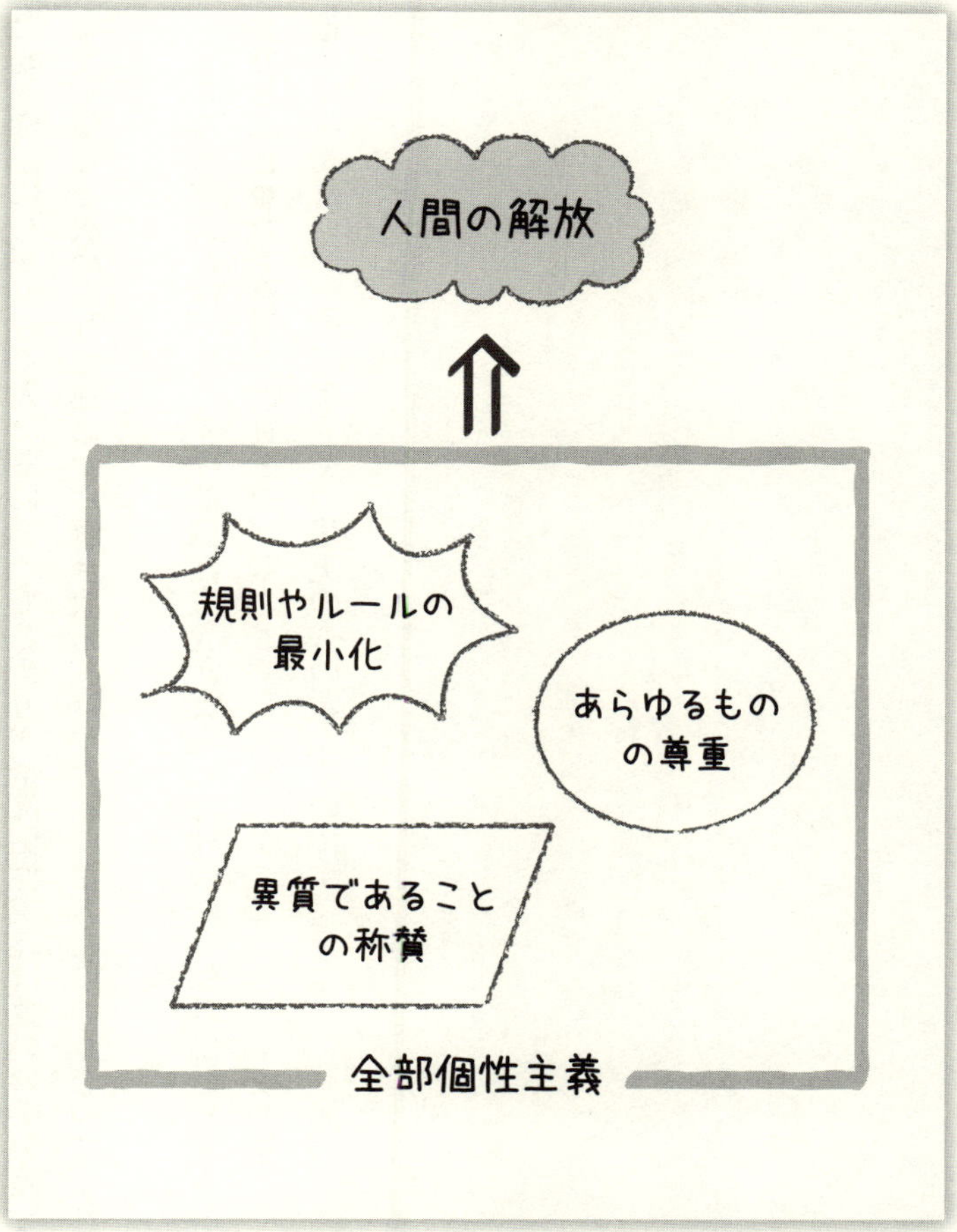
人間の解放
規則やルールの
最小化
あらゆるもの
の尊重
異質であること
の称賛
全部個性主義

た既得権益にしがみつく人たちにとってさえも、全部個性主義は救いの手を差し伸べるのです。彼らを決められた運命から解き放ち、きっと新たな方向にいざなってくれるはずです。

もちろん、人だけでなく、全部個性主義が実現した社会から生み出されるものも、これまでとはまったく異質な性質を帯びることでしょう。かつて金子みすずが謳った「みんな違ってみんないい」が、ようやく現実のものとなるのです。

23

波平なら？　サザエさんなら？　カツオなら？
――全世代思考［「サザエさん」×レヴィ＝ストロース］

物事を構造の中で判断する

最近のテレビは面白いと思いますか？

なんていうと、いろんな答えが返ってくることでしょう。なぜなら、それは人によって受け止め方が異なるからです。もちろんテレビのほうもそれをわかっていて、ターゲットを絞り込んでいるわけです。

放送時間帯やスポンサーもそのターゲットに合わせて組んでいます。でも、世の中の価値観が多様化し、ライフスタイルも多様化すると、そう単純にお昼は主婦向け、深夜は若者向けなどというふうに絞り込むこともできなくなります。

これはテレビに限った話ではありません。**世の中のあらゆるサービスが、どんな人によって享受されるかまったく読めない時代**なのです。だから基本的に世の中にはいろんな人がいて、誰もが同じサービスを求めうると思っておいたほうがいいのです。

いわゆるユニバーサルデザインは、そうした発想に基づいています。ここは健常者用、ここは障碍者用、ここは子ども用、ここは妊婦用などと分けるのではなく、誰もが同じものを使えるようにするというのが、ユニバーサルデザインです。

とりわけ今の時代は世代間で対立があるなどといいます。政治は票のとれる高齢者に合わせた政策をとっているので、若い人に不利な世の中になっているというわけです。だから対立するのです。

しかし、年配の世代も若い世代も、同じ社会に住み、共に支え合っているはずです。それは一つの家庭をとってみればわかるでしょう。家の中では、子どもや孫が一方的に高齢の親を抱えているわけではありません。お互いに助け合っているはずなのです。それは物理的な支えだけでなく、精神的なものも含めてです。

社会も同じです。通学路を見守るお年寄りのおかげで、子どもたちが安心して学校に行けたり、逆に元気な子どもたちの姿を見ただけで、お年寄りは生きる勇気が湧いてきたりするものです。

だから世代間競争などしている場合ではないのです。私たちの敵は、自分と異なる世代の人たちではなく、むしろ少子高齢化や経済の成熟化に伴うパイの縮小といった現実そのもののはずです。その現実と闘うために、いまこそ世代間「共闘」が求められるのです。

どうも私たちは、物事を表面的にとらえすぎなのではないでしょうか。**フランスの文化人類学者レヴィ＝ストロース**の構造主義は、物事を構造の中でとらえることの大切さを説くものです。つまり、**何事も構造の中に位置づけることができ、かつその構造の中で成り立っている**のです。

だから**一部だけを見て判断することには、何の意味もないどころか、有害ですらあります。**誤解をしてしまうからです。私たちの社会も、本当はあらゆる世代が存在し、全世代がお互いに支え合って成り立っているのです。

にもかかわらず、人は自分の属する世代を中心に考えがちですし、そこにしか目を向けないこともあります。それではうまくいかないのです。そこで、常に全世代の視点を考慮に入れる思考を提案したいと思います。それが全世代思考です。

三世代を念頭に置く

具体的には、何を考えるときにも、全世代、少なくとも孫、子、親の三世代くらいは念頭に置く必要があります。言い換えると、子ども、大人、高齢者のいずれにも配慮するということです。

たとえば、バリアフリー住宅は、障碍のある人や高齢者に配慮した段差のない、手すりのついた家を指しますが、それだけでなく、子どもにも配慮することが必要ですし、大人にも配慮して、全世代型住宅にすべきなのです。

そして全世代に配慮するためには、それぞれの世代の特徴を押さえておく必要があります。とはいえ、そんなに難しいことではありません。子どもは比較的小さく、柔らかなものを好む（あるいは望ましい）、少し大きくなると活力的で、プライバシーを重視するようになる、大人は責任感があり、安定を望む、高齢者は体の機能が低下し、健康を重視するという程度の話です。

皆、役割や求めるものが異なるのです。これもまた家族の中での役割を想定してもらえばいいかと思います。現代社会は核家族や一人暮らしの世帯が多く、三世代が一緒に住んでいるところは減っているようですが、その場合はテレビ番組等を参考にしてはどうでしょうか。

日本には「サザエさん」のような長寿番組があり、多くの世代があの家族の構図を原風景のように頭に刷り込んでいます。タラちゃん、ワカメ、カツオが子どもの代表、大人の代表はサザエ、マスオ、高齢者の代表はフネ、波平です。サザエさん一家は、事実上一つのモデルとして位置づけられているので、いまだに全世代を意識した広告などで、使われたりします。

面白いのは、「サザエさん」の場合、世代ごとの考え方が明確に異なり、それがトラブルのもとというか、ネタになっていて、でも最後はきちんとわかり合うという点です。ここも全世代型思考の参考になります。

カツオがわがままをいったり、サザエが突っ走っても、波平が「ばかもん！」とたしなめ、みんなで泣いて、笑って、最後はお互いを理解するというストーリーなのです。

全世代型思考でも、そんなふうにそれぞれの世代の持つ特徴をうまくぶつけ合いながら、最後は全員が納得できる調和をもたらす方向に持っていく必要があります。**本当は、日本全体がサザエさん一家のようなもの**なのですから。

第4週

「抽象的なもの」を思考の道具にする

物事の本質を見極められる

24

即興で柔軟に考える
――ブリコラージュ的思考法【アドリブ×レヴィ=ストロース】

生存本能を呼び覚ませ

あなたは無人島に漂着したとします。まずは魚でも獲らないと、食べるものもありません。さて、どうしますか？　おそらく、うろうろ島の周りを歩いて、使えるものを探すでしょう。そして木の棒ととがった石で道具をつくるのではないでしょうか。

前にも登場した**レヴィ=ストロース**は、そんなその場しのぎの器用仕事を、ブリコラージュと呼びました。彼はブリコラージュのような野生の思考を、文明の思考と比較して、高く評価しています。

文明の思考はしっかりと設計をし、きちんとした材料をそろえたうえで製作するのが基本です。しかし、それでは間に合わないこともあります。あるいは、設計が少しでも間違っていたらダメだったり、材料がなかったらできなかったりします。

これに対して、ブリコラージュの場合は、その場にある材料で即興によってつくり上げるため、条件を選ばないのです。それでいてきちんと役に立つわけですから、見栄えは別にして、このほうがよっぽど優れているともいえるのです。

人間にはもともと生存本能のようなものがあります。だからその場で状況を判断して、瞬時にうまくやり過ごす方法を思いつくものなのです。それは田舎に行けば行くほど感じます。決して偏見ではありません。都会と違って不便なことが多いので、自然などをうまく利用している例が多いのです。むしろ感心させられます。

だから私たちも時々自然に返るべきだと思います。そうすることで野生の勘が蘇るのです。無人島に漂流した人物を描いた映画『キャスト・アウェイ』をご存じでしょうか。トム・ハンクス扮する主人公は、最初魚の一匹も獲れなかったのに、次第に原始人のようにたくましくなっていきます。

まさにあんな感じで、**人は文明を奪われたら、野生化していく**のでしょう。それは**劣っていくのではなくて、むしろたくましくなることにほかなりません。**道具なしで、同じことができるなら、そのほうがすごいですよね。

会話も物づくりもアドリブで

また、ブリコラージュの発想は、アドリブにも最適です。時に私たちにはアドリブが求められます。これは物をつくるケースに限らず、話をするときもそうですし、アイデアを考えるときもそうでしょう。

あらかじめ用意した通りに事が運ぶのは稀です。普通はどんどんシナリオが狂っていき、最後にはアドリブで対応せざるを得なくなるものなのです。そんなときは、ブリコラージュするしかありません。

話であれば、その場の状況に応じて、うまく流れを変えていくということが求められます。その点で私が一番苦手なのは、ジャーナリストの田原総一朗さんです。この前雑誌で対談したときも、テーマに即した回答をしっかりと用意して行ったのですが、冒頭からそれがひっくり返されるのです。

たとえば、私は哲学者なので、哲学を前提に話をしようとするわけですが、田原さんはいきなり**「哲学なんてわけわかんないんだよ」**といって、その前提からひっくり返してくれるのです。そこで私は用意してきたシナリオを投げ出し、アドリブで「哲学はわけがわからない学問ではない」ということを話さなければならなくなったのです。もう無人島に

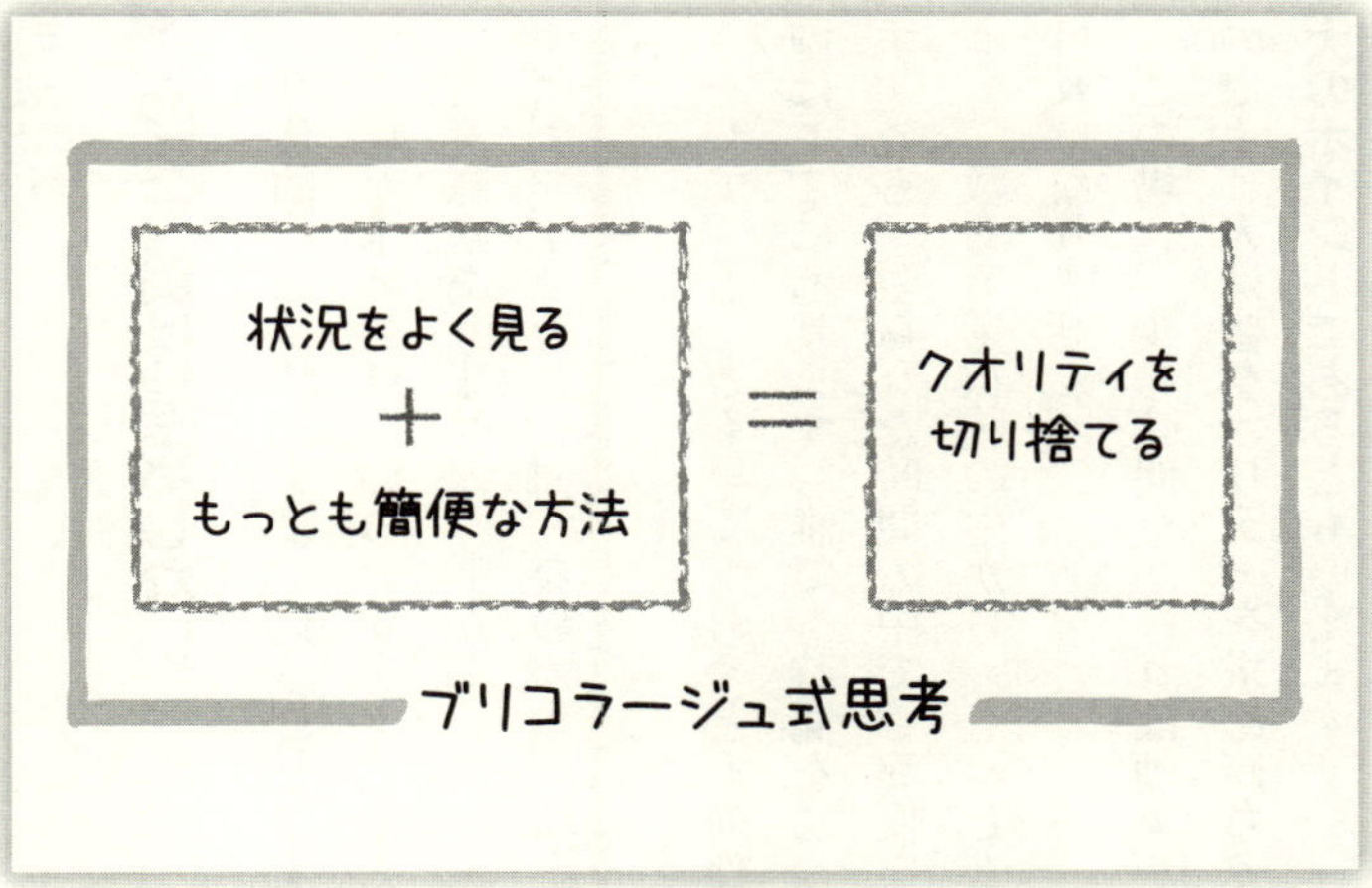

漂流して、文明の利器を奪われた真っ裸のトム・ハンクス状態です。

でも、そのほうがイキイキと話ができたのは事実です。その意味では、田原さんはアドリブを引き出す名人なのでしょう。相手から本能を引き出し、ブリコラージュさせるのです。彼は「本能を引き出す」というより、「本音を聞き出す」という表現をしていますが。

このように、ブリコラージュは、アドリブを引き出し、その場をうまくやり過ごすための素晴らしい技術なのです。そこで私は、このブリコラージュの発想を思考法として活用すべきだと考えています。**段取り通りに考えるのではなく、その場の状況に応じて、即興で柔軟に考える。これがブリコラージュ的思**

考法です。

あえて質は追求しない

具体的には、状況をよく見ることです。今何が起こっているのか。そしてその状況の中で、何が求められているのかをよく考えるのです。喉が渇いて死にそうな人にお金を渡しても意味がありません。喉が渇いている様子をきちんと把握することができれば、水を渡すはずです。それと同じなのです。状況をしっかり把握しないと、適切な判断はできません。

そして、もっとも早く、もっとも簡便な方法を考えるのです。ブリコラージュ思考の神髄はここにあります。誰でも時間をじっくりかけて、手の込んだ方法をとることはできます。でも、限られた時間の中で、簡便な方法で対処することが求められるのです。したがって、数ある選択肢の中から、もっとも早く、かつもっとも簡便な方法を選ぶようにしなければなりません。

この場合、少し時間をかければ効果が上がるとしても、それは妥協しなければならないのです。**人は皆クオリティを求めがちですから、そこを切り捨てる勇気は、この思考の最大のポイント**であるともいえます。

なお、この能力を鍛えるには、自分を想定外の状況に置いて、答えを出す訓練をすればいいと思います。逆にいうと、想定外の状況に出くわすたび、ブリコラージュ式思考を鍛えるチャンスと思って喜びましょう。

25 「リンゴはリンゴではない」
——無意味化［ばらばらにする×アドルノ］

意味のないものは人間にとって有害？

どんな物事にも意味があります。**意味のないものなど存在しません。ただ、意味が不明のものは存在します。**この場合の意味不明は、特定の誰かにとってのみあてはまるということではありません。

誰にとっても意味不明ということもありえるのです。もちろん、どこかにその意味を解する人たちがいるのかもしれませんが、一般的にはわからない状態です。たとえば、ランダムな文字や記号の羅列、でたらめに描いたただの落書きなど。

しかし、あまりそのようなものに出くわすことはありません。なぜなら、人間にとってそのようなものは必要ないからです。いや、むしろ有害でさえあるからです。人は意味を理解し、意味を生み出し、意味の中で生きています。ですから、意味不明であるということは、人を悩ませる原因になるわけです。ストレスもたまります。
もしそれが本当に意味のありそうなものなのなら、研究の対象にでもなるのでしょうが、本当にただのでたらめの場合は、そんなものにかかわること自体、時間の無駄になります。ただ、パスワードなどは、解析されないように、あえてでたらめな文字を並べることがあります。

この場合は、**意味不明にすることに意味があるの**です。これはなかなか面白い発想といえます。意味のないことに意味がある。**パスワードの例だと、何か意味を持たせてしまうと、もう危険**なのです。だからあえてでたらめに考える。私もいつもそうしているのですが、これは意外と大変です。日ごろ意味を形成するように頭を使っているので、その逆は慣れていないのです。

でも、考えてみると、あらゆるものは意味を崩す、あるいは既存の意味から逸脱することから生まれています。**フランスの現代思想家デリダ**が唱えた**差延**《さえん》という概念はまさにそれです。差異を生み出す運動のことです。

意味不明にすることで新たな意味が開ける

そもそも物事の意味というのは、ほかのものと異なるから成り立つのです。もし同じものだったら、それは独立した意味を持ち得ません。**他のものと異なるからこそ、それぞれが意味を持つ**ということです。

紅茶とコーヒーは別の飲み物です。そこには差異があるのです。そうでなかったら、飛行機で「ティー？　カフィー？」などと聞かれることはないでしょう。では、もし紅茶とは異なる新紅茶をつくるとしたらどうなるか。この場合、既存の紅茶とは違う要素を生み出す必要があります。そうでないと、まったく同じものになってしまうからです。この違いを生み出す原理こそが差延なのです。

もしかしたら、この差延作用を意識すれば、意味をずらし、無意味なものを生み出すことも容易にできるようになるかもしれません。そして何を隠そう、**その生み出された無意味なものこそ、新しい意味あるものになる可能性を秘めている**のです。そのためには、新しい名前と、新しい意味の付与が必要になります。

そんなことをいわれても、どうやって意味をずらすのかわからないと思われる方、これはどうでしょう。既存の意味を否定してみるのです。目の前にあるリンゴに向かって、「これはリンゴです」というべきところを、「これはリンゴではありません」といってみるわけです。そして実際にそのように考えてみるのです。リンゴじゃなかったら、いったい何なのか？

この場合、答えはなんでもいいのです。**ドイツの現代思想家アドルノ**は、否定弁証法という概念を唱えました。否定弁証法とは、**まとめるのではなく、逆にばらばらにしてしまう論理**だと思えばいいでしょう。

通常、人間は、意味をまとめようとします。そうやって物事を論理的に理解していくのです。ところが、その反対をやるわけです。まとめるのではなく、ばらばらにする。リンゴをリンゴだと思うのではなく、リンゴではないと思うということです。

すると、無限の可能性が開けてきます。リンゴじゃなくて、ハートのオブジェかなとか、新種の食べ物かなとか、なんでもいいのです。**とにかく意味不明にすることで、新たな意味が開けていく**わけです。

さて、そこで、あえて意味不明にすることを思考に活かしてみたいと思います。つまり考察の対象を、あえて無意味にしてしまうのです。やり方はすでにお示ししたように、でたらめなことを考えればいいだけです。

決して論理的に考えてはいけません。論理から逃げる。ただ、論理から逃げようと考えると、もう論理的になってしまいます。なぜなら、考えるという行為自体が論理を構成するということと同義だからです。とするならば、**考えなければいい**のです。そう、**無心で対象を眺める。**ぼけっとしているときって、変なことを思い浮かべたり、物が変に見えたりしますよね。あの感覚です。

それが難しければ、とりあえず「〜ではない」と否定してみることです。そうすれば、まず目の前にある「意味」が消えます。リンゴを目にしながらも、あえて「これはリンゴではない」と言い切るのです。

その結果、おそらく逆に意味あるものが際立ったり、偶然何か新しい意味を生み出すことができたりするのではないでしょうか。**無意味化の最終目的は、意味を消すことではなく、あくまで意味を生み出すことにある**のですから。

もし何も浮かばなかったら、最後は強引にまったく違う名前で呼べばいいのです。たとえば、「これはハトだ」と。でも、その場合のハトはあのハトではないはずです。リンゴとまったく同じ姿をした新しいものです。だから新しい意味を持ち始めるのです。

26

そぎ落とし、デフォルメする

——象徴化［富士山×ロラン・バルト］

富士山の本質とは？

田舎に住んでいることもあって、私は車で移動することが多いのですが、国道沿いのお店が掲げる大きな看板がよく目に入ってきます。遠くからでも目立つ、それでいて何屋さんなのかすぐわかる看板です。

なぜわかりやすいかというと、どこのお店も、自分たちの商品を象徴化したような看板を使っているからです。たとえば牛丼屋ならどんぶりのマーク、釣りの餌なら魚のマークといったように。私も組織やグループをつくるたび、まずやるのはシンボルマークの設定です。

シンボルマークは自分たちのやりたいことや趣旨を、もっとも洗練された形にして表すものです。いわば自分たちの活動の顔だといっても過言ではありません。たとえば、大阪万博といえば何を思い浮かべるか？　やはりあの太陽の塔ではないでしょうか？　東京といえば、東京タワー。今はスカイツリーでしょうか。

つまり、**象徴はすべてを表す**のです。では、なぜあんなにシンプルな象徴がすべてを表すことができるのか？　それは本質をとらえているからだと思います。**象徴とは、不要なものを削り取った姿です。そうして絶対に不可欠の要素だけ残しているのです。それはその物の本質**にほかなりません。

富士山を象徴的に表そうと思えば、色はそんなに問題ではないと思います。たしかに上が白で、下が青の絵が多いですが、これは変わることがあります。でも、あの形は譲れないでしょう。裾野の長い三角に、火山らしいぎざぎざの頂上。さらに、上の部分だけ雪が覆っているという意味で、区切りを入れるといいでしょう。でないと、普通の火山になってしまいますから。これが富士山の不可欠の要素であり、本質なのです。

だから富士山のマークは裾野の長い三角にぎざぎざ頭、そして上の部分に区切りの入った絵になるのです。これは一種の記号です。そう、**象徴化とは、記号化でもある**のです。絵に限らず、記号は文字でも表現できます。Aが優秀な成績やキスを表すように。要は、物事の内容を体現しているマークのことです。

哲学の記号論という分野は、まさにそんな象徴としての記号と思考の関係を取り扱う分野です。**フランスの思想家ロラン・バルト**は、映像やファッションなど幅広い物事を記号としてとらえ、社会における意味を分析しました。彼は象徴の意味を考えたのだといっていいでしょう。

記号論という個別の分野に限らず、実は私は**哲学の営みそのものが概念の象徴化**だと思っています。なぜなら、**哲学とは目に見える物の不要な部分をそぎ落として、本当に必要な部分だけを浮かび上がらせる営み**だからです。そして、その本当に必要な部分のことを本質と呼んでいるのです。

「好き」をデフォルメすると「息もできない」

さて、そこで象徴化を思考として活用することを考えてみたいと思います。まず、物事の余分な部分をそぎ落とすことが必要です。そのためには、二つのアプローチがあります。一つは外見です。さっきの富士山と同じで、細かい部分に目をつぶるのです。単純ですが、薄目で眺めてみると、目立つところのみ見えますから、そこを抽出することができます。

もう一つのアプローチは、中身です。その物事の存在意義を考え、そこだけに注目するのです。富士山なら見ることです。登頂するという人もいますが、どちらが多いか。多分見るほうでしょう。あの美しく、神々しい姿を皆拝みたいのです。

余分なものをそぎ落としたら、次はデフォルメすることです。形やメッセージをより際立った形に加工するのです。人間の印象は一点に集中するものです。色なら複数あっても一番目立っている色しか記憶に残りませんし、形であれば、一番特徴のある部分しか残りません。ゾウの場合は長い鼻、キリンなら長い首というように。

人間の場合はたいがい目ですね。だから犯人の似顔絵も目をしっかりと描くようにしているのです。物まねメイクで有名なタレントがいますが、彼女は目のメイクで七変化します。鼻と口はマスクで隠しているのに、目元だけで別人そっくりに変身できるわけです。

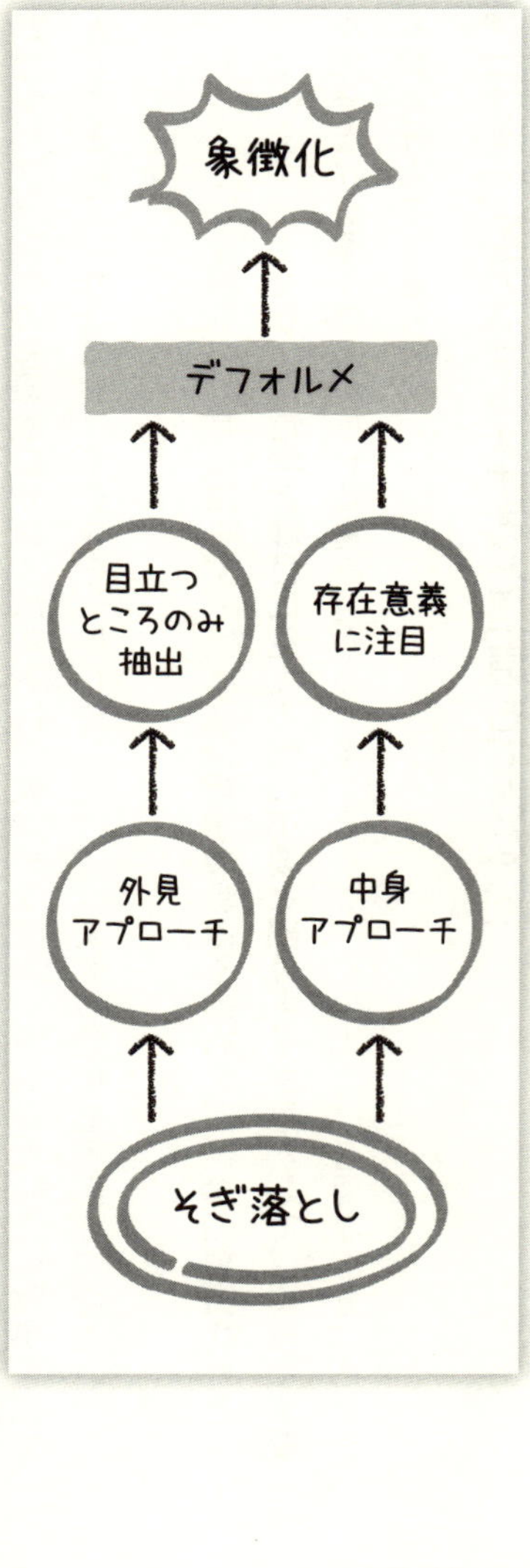

このように考えれば、マークをつくるとき以外でも、象徴化することができるはずです。まず余分なものをそぎ落とし、デフォルメすればいいのです。言葉もこれでいけます。象徴的なメッセージをつくりたいとします。

最初は自分のいいたいことを全部書き出せばいいでしょう。その中から余分なものをそぎ落とし、一文にまで持っていきます。次はその中で一番いいたいことをデフォルメするのです。つまり、大げさに表現してみるのです。それが言葉の象徴化です。

愛のメッセージなら、長いラブレターも「あなたのことが好きです」にまでも持っていけるでしょう。この**「好き」という一番大事な言葉をデフォルメすると、「息もできない」**という感じでしょうか。ぜひ使ってみてください ね。

27

あらさがしをする
――シニカル・アプローチ【辛辣さ×J・S・ミル】

毒舌とは、本質を吟味すること

いつの時代も、毒舌がもてはやされます。必ず毒舌とか辛口と呼ばれる人が、各分野にいて、そういう人がさもすごい人であるかのように評価されるのです。毒舌や辛口というのは、きついことをずけずけといってのける人のことですから、普通は敬遠されるように思います。でも、そんなことはないのです。

毒舌がきついのは、真理をずばりと突くからです。ストレートで正直なわけです。ということは、裏を返すとそれだけ的を射ているということでもあります。だからニーズがあるのです。皆いいたいけれどいえない正直な意見をいってくれる。そこが痛快なのです。

「王様は裸だ」というのに近いものがあります。

みんな思っているけれど、なかなか口にはしにくいことをずばっといってくれる、だから評価されるのです。毒舌は、ある意味でみんなの代弁者なのです。

また、裸の王様ではないですが、そういう視点を失ってしまっては、世の中が腐敗します。誰だって、厳しいことをいうのはつらい。でも、誰かがいわないと、何も変わりません。

ドイツの哲学者カントは厳しい人として有名です。それは他人に対してだけでなく自分に対しても厳しい厳格な性格の持ち主というのに加えて、思想自体が厳しいという意味です。何しろ彼の哲学は批判哲学と呼ばれるくらいです。とはいっても、ここでいう批判は、単に他人を責め立てるという意味ではありません。そうではなくて、本質を吟味するという意味なのです。**正しさや人間の意味を吟味する。**その成果が彼の批判哲学といっていいでしょう。

毒舌や辛口もそんな本質の吟味としてとらえたいと思います。つまり、シニカルにアプローチすることで、本質があぶり出されるのです。

これを思考に活かしてみるとどうなるか。まず、オブラートを捨てることです。あらゆる婉曲表現を排除するのです。**そのためには、優しさを捨てなければなりません。**誰かが傷つくとか、感情を害するなどということを考えていては、シニカルにアプローチすることなどできません。

あくまで思考ですから、実際にそれを相手にいうわけではないので、心配無用です。頭の中で冷徹になるだけです。多分大なり小なり、人は頭の中ではシニカルに考えていると思うのです。それを口に出すかどうかです。「うわ、すごいデブ」と思っても、「すごいデブですね」という人はいないはずです。

そのときに、頭の中では「すごいデブである」と思ってしまうことを避けてはいけないのです。それは不謹慎だから考えないようにしようというのではいけません。現実を冷徹に見るべきなのです。

次に、**本質を冷徹に見るために、あえてあらさがしをする必要があります。**そういう意地悪な目で見ないと、シニカルにはなれないものです。一番わかりやすいのが、あらさがしなのです。

いいところを見るのも難しいですが、あらさがしも難しいものです。よほど目立つ欠点があるなら別ですが、それ以外は見えないものです。長く付き合っていると悪いところも見えてきますが、常にそうするわけにもいきません。

あらさがしをしたら、いよいよシニカルに表現する段階です。仮に相手にいわないにしても、自分の頭の中ではとりあえず言葉で表現してみる必要はあります。そのとき、どれだけきつい言葉で表現できるかです。

相手を傷つける目的ではない

表現がストレートであれば基本的にはきつくなるのですが、それだけでは足りないこともあります。時にはデフォルメして、問題を際立たせる必要があるのです。たとえば、**イギリスの思想家J・S・ミル**が、快楽の質を区別しないベンサムの功利主義に対して、「豚向きの哲学」と表現したのは、まさに典型です。ミルは、ベンサムが何から得られる快楽も同じだとしたのに対して、詩を読んで得られる快楽と、ゲームをして得られる快楽は違うと主張したのです。もちろん、前者のほうが質が高いといいたかったわけです。

この場合、「あいつらは質を区別しない」というだけだと、ただのストレートな表現にとどまります。これでもきついのですが、もっときついのは、質を区別しないものの象徴として豚を引き合いに出し、それにたとえることなのです。たしかに、豚と同じだといわれると、ショックですよね。でも、本質をついています。これぞシニカル・アプローチなのです。

ここで気をつけたいのは、同じ豚と表現しても、ミルのように歴史に残る言葉として称賛される場合と、いじめの言葉として非難されるだけの場合があることです。この違いは何でしょうか?

一言でいうなら、それは動機だと思います。ミルの場合は、正しい思想を伝えたいという思いから辛辣《しんらつ》な言葉を放っているのです。これに対して、いじめの際、相手に放たれた「豚」という言葉は、相手を傷つけるという動機しかありません。辛辣な言葉は、相手を傷つけるというだけの目的であれば、かえって本質とはかけ離れた、まやかしに過ぎなくなってしまいます。

辛口コメンテーターがもてはやされるのは、過激で痛快だからではなく、あくまで彼らの言葉が本質をついているからです。そうでなければ、とっくにテレビから消えているでしょう。不快だという苦情を山ほど受けて。

自分のシニカルな表現が本質をつくものなのか、単なるまやかしに過ぎないのかは、動機次第です。このことだけは、常に自覚しておく必要があるといえます。

28

「物語」を盛り込む
──アナウンス効果［関ヶ原の戦い×ロラン・バルト］

プロレスの試合前のあの興奮

私は昔からプロレスが大好きです。もちろん試合そのものも好きなのですが、何よりあの始まる前の高揚感がたまらないのです。主催者は試合を盛り上げようとして、会場のボルテージアップに腐心します。

照明、音楽、そしてアナウンス。会場の照明が落ち、閃光とともに選手の入場テーマが鳴り響きます。そこに選手が登場。歓声が上がり、会場のボルテージは一気にマックス状態へ。

そのマックス状態をさらに煽《あお》るかのように、アナウンスが言葉によって人々の気持ちを高めていきます。ある意味「言葉攻め」です。「現代の関ヶ原！」「古代ローマのコロシアムがここに再現！」「平成の巌流島決戦！」。これでもかといわんばかりに、アナウンサーが絶叫します。

そうすると観客はもう完全に引き込まれてしまいます。これは普通に淡々と試合が始まるのとは大違いです。観客の気持ちが高ぶっているので、一つひとつの行為に必要以上の意味が込められてしまうのです。ただのパンチやキックではなく、その背景にアナウンスによって植えつけられた興奮や怒りが横たわっているのです。

ここではすべてが物語の中に取り込まれているのです。アナウンスによって語られる物語の世界に人々が引き込まれ、その世界観のフィルターを通して対象を見るようになります。

前にも登場した**フランスの思想家ロラン・バルト**は、物語の構造を、送り手と受け手のコミュニケーションとしてとらえ、ナラトロジーの概念を唱えました。つまり、物語の仕組みがどうなっているかを分析する概念です。

たしかに、物語には送り手と受け手が存在します。**誰にも読まれない物語は、物語として成立しない**のです。また逆に、**同じ物語でも、Aさんの解釈とBさんの解釈が異なる場合、二つの物語が存在する**ことになります。

アナウンス効果によってつむぎ出された物語は、もちろん不特定多数の観衆に対して投げかけられるものではありますが、聞き手はそれぞれ自分なりの受け止め方をしているのです。ある人は自分の人生のリベンジに重ね合わせ、またある人は感動の物語として受け止めるというように。それはなんの物語もなく物事を受け止めるのとは大違いです。気持ちの入れようが変わってくるのです。

物語をつむぐことの効用

言葉という概念そのものは抽象的な存在ですが、そこに物語という名のコンテクストが与えられることで、具体的な存在として大きな力を持つわけです。そこで私は、この**アナウンス効果を思考法に応用し、一つひとつの行為の効果を増幅させることを提案**したいと思います。たとえば、物事を行う前に、その物事自体の意味や、それを行う意味について、気持ちを高ぶらせるような言葉で表現してみるのです。きっと効果が何倍にもふくらむはずです。

工業高専に勤めていた時、工作したロボットを対決させるイベントのアナウンスを経験したことがあります。その際にも、ただ実況していただけでは面白くないので、このアナウンス効果を実践したのです。それぞれの対戦者にまつわる物語、過去の対戦の因縁など、試合前にこっそり聞き出しては、物語をつくっていきました。そしてその物語に観衆を引き込むと、それはもう興奮のるつぼと化すのです。

大事なことは、説得性です。「なるほど」と思わせる内容でないといけません。物語が浮いているようでは、アナウンス効果を発揮できないからです。受け止め方は違えど、誰もが「なるほどそうだな」と思える内容にする必要があります。そのためには、ある程度のリサーチが必要でしょう。その場、その対象にふさわしい物語を設定するのです。

それから、感情が高ぶるような設定も大事です。人はリベンジが好きです。勧善懲悪も定番ですね。さらに、運命を感じさせるものも心に迫ります。歴史になぞらえるのも効果的でしょう。それはすでに刷り込まれた歴史という名の物語が、観衆を容易に物語の世界にいざなってくれるからです。

誰でも知っているような歴史的な出来事には、必ず象徴される意味が付与されているものです。後世の人たちによって。それが共有されているからこそ、その出来事の名を聞いただけで、物語が頭に浮かぶのです。赤穂浪士の討ち入りはリベンジの物語、関ヶ原の戦いはすべてを決するというように。

実際、討ち入りも関ヶ原もよく比喩として用いられます。アナウンス効果を有効に使える人は、そうした知識にも長けています。**人々の間に刷り込まれた既存の物語をうまく使うことで、一気にアナウンス効果をもたらす**のです。

これがうまかったのは、「報道ステーション」のキャスターを務めていた古舘伊知郎さんです。彼は若い頃プロレスの実況をしていたのですが、とにかく譬《たと》えや形容がうまい。だから試合が盛り上がるのです。私がプロレス好きになったのも古舘さんのおかげです。最後に衝撃の告白をしたいと思います。実は、私は学生時代にアナウンス学校に通っていたことがあります。だからこれだけアナウンス効果に熱が入るのです。今でもイベント

でアナウンスを買って出るのは、そうした理由からです。ニーズがあればいくらでもやりますよ！

29

完璧であろうとしない
——準超人［正義のヒーロー×ニーチェ］

人生の成功モデルが崩壊

この世にはヒーローを求める風潮があるように思います。仮面ライダーや戦隊ものがいつの時代にも流行っているのは、そうした理由からでしょう。そして彼らはいつもイケメンで美人で、強くて、やさしくて、完璧です。

そう、ヒーローはいつも完璧なのです。ヒーローの代名詞ともいえるスーパーマンが超人なのは、その証拠です。私たちは皆、スーパーマンに憧れ、スーパーマンを求めてきたのです。日本だと月光仮面や鉄腕アトムから、ウルトラマンやセーラームーンまで。

ところが、最近そんなヒーロー像に少し異変が起こっているように思います。今受けているヒーローは、少し完璧度が落ちるような気がするのです。たとえばダメ人間なんだけど憎めないとか、理性を抑えきれず復讐に燃えているとか。この復讐に燃えてしまうところが人間臭くて、完璧度を損なっているのです。その意味では、アメリカのヒーローでいうと、スーパーマンよりもバットマンに近いものがあります。バットマンはスーパーマンと並ぶアメリカの二大ヒーローですが、スーパーマンとは大きく違う点があります。それは、彼も家族を殺された恨みから、裏の世界で非合法に悪を懲らしめるという点で完璧度の落ちるヒーローだからです。

ドイツの哲学者ニーチェは、永遠回帰と呼ばれる無限の苦しみを受け止めることで、超人になることができると主張しました。これが彼の超人思想です。たしかに、スーパーマン型の完璧なヒーローはニーチェのいう超人に当てはまると思います。

しかし、なかなか普通の人がそんな完璧な超人になることは難しいですよね。無限の苦しみを受け止めるなんて無理です。たとえばそれは、家族を殺されても、復讐をしないことを意味するわけですから。

普通は裁判でもなんでも起こして、復讐したいと思うものです。復讐するキャラクターが受けるのは、そうした普通の人間の感覚にマッチしているからでしょう。**理性で物わかりよく許してしまうより、復讐するくらいのほうが、むしろ人間臭くて親しみが持てる**のです。そして共感できるのです。

いわばバットマン型のヒーローは超人ならぬ準超人ともいうべき人間臭いヒーローなの

です。今の日本社会では、むしろそんな準超人が求められているような気がしてなりません。おそらくそれは、いい大学を出て、いい会社に入れば一生安泰という戦後の人生の成功モデルが崩壊したからではないでしょうか。

バブルが崩壊して日本が成熟社会に突入するまでは、高学歴、高収入、高身長を意味する「3高」などという言葉も聞かれました。3高男性が理想だったのです。これってまさに完璧な超人ですよね。私が若い頃はその全盛期で、自分は背が高くないからダメだなと思ったのを覚えています。

ところが、今は高学歴でも成功するとは限らないし、高収入なんて望めないし、高身長がいいなんて誰もいいません。イケメンとかいう人はいますが、それでも決して外見が格好いいわけではないお笑いタレントのほうがもてたりするわけです。

だから誰も超人になれるとか、なりたいなどとは思わないのです。それは最初から無理だし、魅力もないと。ただ、そんな人たちでも、準超人くらいにはなれると思うのです。そしてそれくらいにはなりたいと思うのでしょうね。3高のうち一つくらいはあって、後は逆に何か欠点があるようなイメージです。学歴はあるけど収入はまったくないとか、逆に収入は高いけど学歴はまったくないとかいうふうに。そう考えると、私も今の時代に独身だったらもっともてたはずです。ああ、二〇年遅く生まれればよかった……。

完璧を求めすぎないほうがうまくいく

そこで、準超人になるための一般的な方法を考えてみたいと思います。まずは、完璧な状態を思い描いてください。そこから、何か一つか二つ要素を取り除けばいいのです。その際、核となる要素を取ってしまってはいけません。正義のヒーローから正義を取ったら意味がなくなるのと同じです。**正義のヒーローから取り除いていいのは、外見や動機といった部分**です。

次に、人間臭い部分を強調してください。その要素がないと、準超人にはなれません。単に欠けているというだけではなくて、その欠けている部分が人間臭さと結びついている必要があるのです。

では、こうした準超人の発想をどのように活かすことができるのでしょうか。もちろん生き方に適用することはできるでしょう。日々の振る舞いや行動にしてもそうです。別に完璧に物事をこなす必要はないのです。感情を出したいときは素直に出せばいいと思います。

アイデアもそうです。**常に完璧なアイデアを求める必要はありません。時には人間臭いアイデアもいい**じゃないですか。そのほうが受ける商品になるかもしれません。格好いいキャラばかりじゃなくて、笑えるぶさいくなキャラが流行ることがあるように。

そして、物事の考え方自体、つまり思考法そのものとしても活かせます。それは反完璧主義です。**完璧であることをあえて拒否する思考。**一〇〇点を求められれば、せいぜい九〇点くらいにとどめておく思考です。徹底的に突き詰めないようにするのです。常にそうである必要はありませんが、まぁ私たちは神ではなくて人間なわけですから、たまには準超人でいきましょうよ。

30 たくさんの偶然を引き寄せる

――遭遇〔小さな箱×ドゥルーズ〕

積極的に出会いを求めるからこそ遭遇する

遭遇というのは、偶然ばったり出会うことです。『未知との遭遇』なんて言葉を聞いたことがあるのではないでしょうか。人類と宇宙人が出会う様を描いた映画です。ばったり宇宙人に会ったらどうしましょう。考えたこともないですが、それが遭遇の本質です。

偶然ばったり出会うので、心の準備ができていないわけです。その際もたらされるショックが意味を持ちます。**人は予定調和的な出会いには触発されません。ショッキングな出会いにこそ刺激を受ける**のです。そして影響され、人生を変えることすらあります。

私が台湾で遭遇した民主化運動はまさにそうでした。それまで虐《しいた》げられていた人たちによる熱い闘争に巻き込まれ、大きなショックを受けました。それがきっかけで商社を辞め、紆余曲折を経て哲学者になったのです。その意味では、遭遇が私の人生を変えたといっても過言ではありません。

フランスの思想家ドゥルーズは、自分の中のまだ目覚めていない、気づいていない能力に気づくきっかけとしての遭遇概念を唱えます。つまり、**遭遇とは、闖入者によってハッとさせられるような体験**なのです。そんな**遭遇がきっかけとなって、既存の能力と新たに開花する能力が交流する**ともいいます。

おそらくその交流にこそ遭遇の意味があるのでしょう。先ほどの私の例にあてはめると、もともと持っていたコミュニケーション能力に、公的なものにコミットする能力がぶつかって、今の私が誕生したわけです。

掘り出し物を見つける能力を意味するセレンディピティという言葉がありますが、これもまた遭遇に似た要素を持っています。なぜなら、偶然見つけるという部分があるからです。

ただ、セレンディピティの偶然性は、本当の意味での行き当たりばったりとは少し異なります。掘り出し物を見つける能力を持った人は皆そうなのですが、実は相当の目利きでもあります。だからあたりをつけるのがうまいのです。

簡単にいうと、**偶然の出会いを求めていない人には、偶然出会える確率は低くなる**ということです。遭遇も同じです。遭遇を狙っているから、遭遇する確率が高くなる。運命の人と出会うには、合コンに足しげく通ったり、人との出会いの場に顔を出すという積極的な行為が不可欠です。ドラマのような偶然は、あまりないのが現実です。だからドラマになるのです。

意外な遭遇から新たな価値が生まれる

そこで、そんな遭遇を思考に活用してみたいと思います。まず、偶然の組み合わせによって、新たな価値を生むことができるのではないでしょうか。ぜひランダムにいろいろなものを組み合わせてみるといいと思います。

この場合、意外な組み合わせという点よりも、偶然性を重視すべきです。意外な組み合わせを重視するばかりに、考えすぎることがあるのです。そうすると、もうショッキングな遭遇は望めなくなってしまいます。意外な組み合わせは、あくまで偶然の産物であることを忘れてはいけません。

ちなみに私は、アイデアボックスという箱を用意しています。ミカン箱くらいの箱なのですが、その箱には何を入れてもいいのです。自分だけでなく、他の人にも入れてもらいます。ガラクタからちょっとした小物まで。あまり大きなものは無理ですが、できるだけ制約はしないようにしています。

そして蓋を閉めて、ガチャガチャの要領で、小さな窓口から無作為に二つのものを取り出します。それらを組み合わせて、アイデアを出すのです。**誰が何を入れているかわからないので、まさに意外な遭遇が生じます。**子どもと遊び感覚でやっていると、子どもたちの創造性も自然と鍛えられます。学校や職場でも試していただくといいでしょう。

もちろん、ただ組み合わせるだけでなく、そこから新たな価値を見出すことが必要です。ここでは頭を使う必要が出てきます。ショッキングな組み合わせの後、それがどう使えるのか考えるのです。ショックなだけで終わってはいけません。

でも、**ショックであるということは、そのエネルギーを何かに活用できる**はずです。往々にしてそれは、これまで使われていなかった新しいものに向けることができるものです。ですから、既存のものに無理に当てはめようとするのではなく、新しい世界を切り開くくらいの柔軟な発想が求められます。

遭遇ということでいうと、街をぶらつくとか、旅に出るのもいいかもしれません。犬も歩けば棒に当たるです。文字通り何かに遭遇するかもしれません。歴史上の哲学者には、逍遥《しょうよう》学派と呼ばれるアリストテレスのほか、カント、西田幾多郎など、散歩を習慣としている人が結構いました。アリストテレスは回廊を歩きながら議論していたといいますし、カントは毎日決まった時間に散歩をしていたため、町の人が彼の散歩の時間で時計を合わせていたというエピソードで有名です。

西田幾多郎の歩いた道は「哲学の道」と呼ばれ、今では観光地化しているほどです。

彼らは皆歩いている途中に思考をしていたようです。散歩途中に何かに出くわすというよりは、まさに頭の中におけるアイデアとの遭遇を求めていたのでしょう。**散歩は脳を刺激する効果がありますから**。

考えてみれば、この世に存在する多くの物事が、実は偶然の出会いから誕生しています。自然界もそうですよね。要はそんな偶然の出会いを人為的に行い、確率を高めていけばいいのです。未知との遭遇も決して夢ではないのかもしれません。

31

人生は死ぬまでの暇つぶし
——遊び主義【人間の営み×パスカル】

今置かれた状況でどう楽しく生きるか

誰しも人生の意味を問う、あるいは人生について考えることがあると思います。三六五日二四時間常に意識している人は少なくても、人生の節目や、人の死に接したとき、ふとした瞬間に考えるものです。

たいがいは悩んでいるからそんなことを考えるわけです。したがって、最終的には前向きにとらえることで、納得しているのだと思います。たとえば、人の死に接したときは、いったい何のために生きるんだろう、どうせ最後は死んでしまうのになどと考えがちです。

こういう場合は、次のようなプロセスをたどることが多いのではないでしょうか。人は生まれてくる。でも、生まれてきたのは、自分で選んだわけではない。だからその意味を考えても仕方がない。そしてやがては死んでしまう。これも必然であって避けられない。

とするならば、生まれてから死ぬまでの間を充実させるよりほかはない……と。

まさに「今を生きる」です。**命を与えられ、奪われる人間という存在にとって、唯一できるのは、好きなように生きることだけ**なのです。

そんなふうに考えるのは人の死に接したときに限らないでしょう。人生について悩んだ結果、最後にたどりつくのは、いつもこうした結論なのです。なぜなら、これが真理だからです。人生とはその名の通り、人が生きるということ以外に意味はないのです。

とするならば、**私たちはもっと人生を楽しんでいいと思うのです。**自分を含め、周囲の人を見てください。日々苦しんでいる人のほうが多くないですか？　もちろん、病気や貧困など、どうしようもないことで苦しんでいる人がいるのはわかります。それでも私は、楽しく生きることは可能だと思っています。すべては気持ちの問題だからです。

苦しい、自分は不幸だと思うのは、幸せな人を基準にしているからです。健康でお金もあって、何の悩みもない人。ちょっと、待ってください。そんな人っているのでしょうか？　多分そう見えていても、実際には皆病気や悩みを抱えているものです。外側からはわからないだけです。それが人間なのです。

だから悩みのない人を基準に考えてはいけません。**人と比べるのではなく、自分の今置かれた状態で、どう楽しく生きるかだけを考えればいいのです。**オランダの歴史家ホイジンガは、人間は遊ぶ人（ホモ・ルーデンス）だといいました。フランスの思想家カイヨワは、その遊ぶという意味を競争に基づくもの、運に基づくものなどというふうにさらに分類しました。

フランスの思想家パスカルにいわせると、人間の営みの多くは退屈しのぎのためのものなのです。彼は狩りを例に挙げますが、狩りも獲物が欲しいわけではなく、退屈をしのぎたいからやっているのです。

釣りもそうでしょう。ギャンブルもそうかもしれません。パチンコ店に開店前から並んで、一日中座って、それでも結果はプラスマイナスゼロだっていいのです。私はギャンブルをしませんが、こうした視点からは、一日中図書館で資料を漁る行為もパチンコも、本質は同じなのかもしれませんね。つまり、いずれも生きるという時間の暇つぶしに過ぎないのです。

一度きりだから「何でもやってみよう」

このようなことをいうと、不謹慎だと怒る人がいます。せっかく与えられた命への冒涜《ぼうとく》だと。しかし、人生何をしなければならないなどと、決まった事柄があるわけではありません。親や社会が望む生き方はあるでしょう。ただ、それは絶対のものではないはずです。

社会が推奨する生き方は、あくまで社会にプラスになるからです。たしかにそれは大事なことです。私たちは社会の中で支え合っているわけですから。ただ、それは結果としてそうなるべきであって、自分の人生の第一目標である必要はありません。**自分の人生はやはり自分のものなのです。**だから本当は遊んで生きてもいいのです。私は人生に対するそんな態度を遊び主義と呼びたいと思います。

では、この**遊び主義を思考として位置づけるとどうなるか。まず、何事ももっと気楽に考えることができるようになる**と思います。どうせ暇をつぶすなら、面白いほうがいいに決まっています。より面白くなるやり方を考えるのです。

また、一度しかない人生なので、なんでもやってみるという積極的な態度を引き出すことになると思います。面白い人生を送っている人は皆、一様にこういいます。

「たった一度の人生だから後悔したくない」と。

でもそれは万人にとって当てはまるはずです。私たちは人生のかけがえなさに気づいていないのです。**遊び主義は、人生のかけがえなさに気づくきっかけになるという利点もあるのです。**

そう、一度きりなら、なんでもやってみるべきでしょう。**失敗してもいいのです。たとえそれがどんな大失敗であっても、私たちが死んだ数年後には、もう誰も覚えていません**

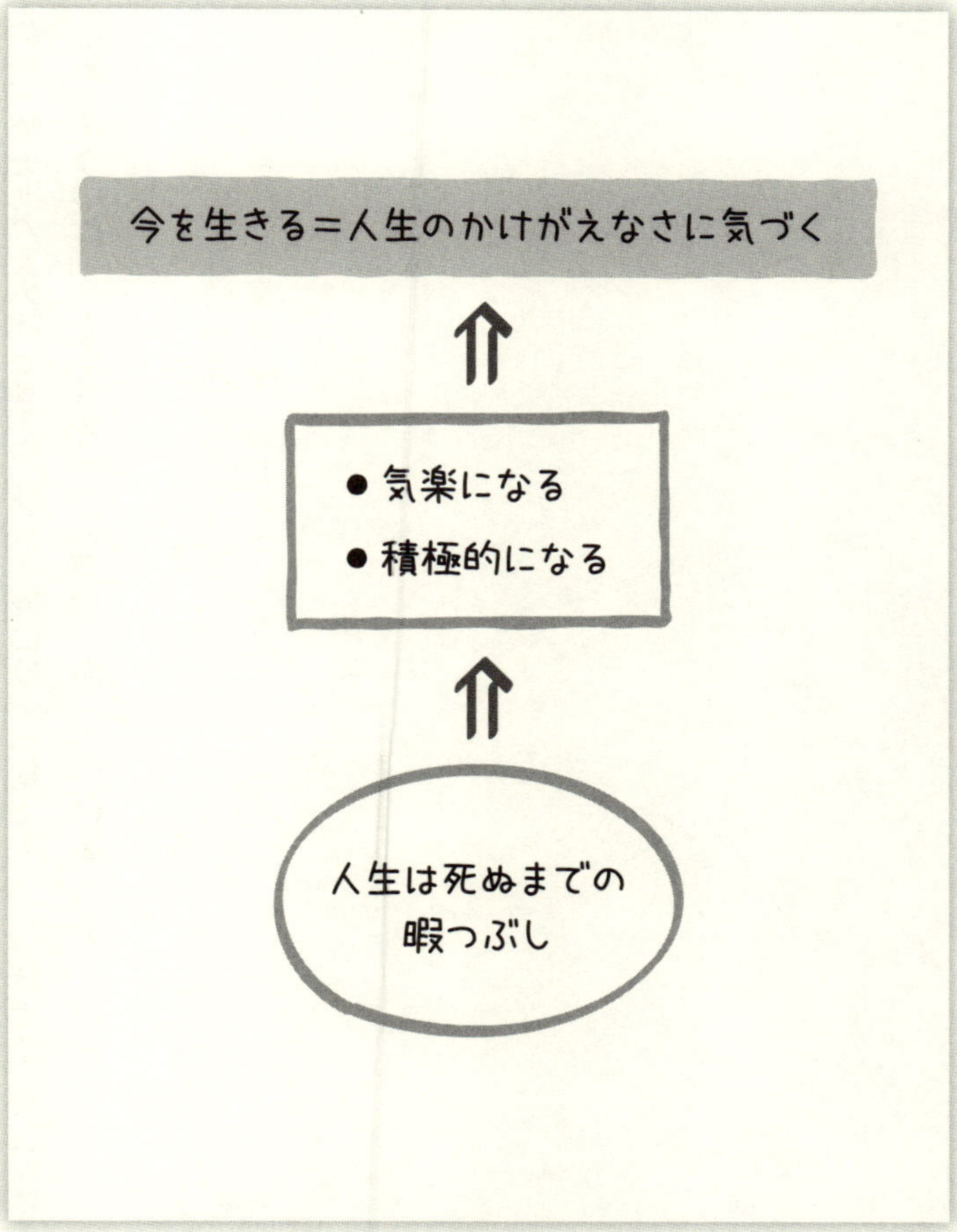
今を生きる＝人生のかけがえなさに気づく
● 気楽になる
● 積極的になる
人生は死ぬまでの
暇つぶし

から。歴史上の大事件でさえ、数千年後には誰も覚えていないはずです。やはり私には、一番大事なのは「今を生きる」ことだけであるように思えてなりません。

補　講

新しい思考を
生み出す
10のレッスン

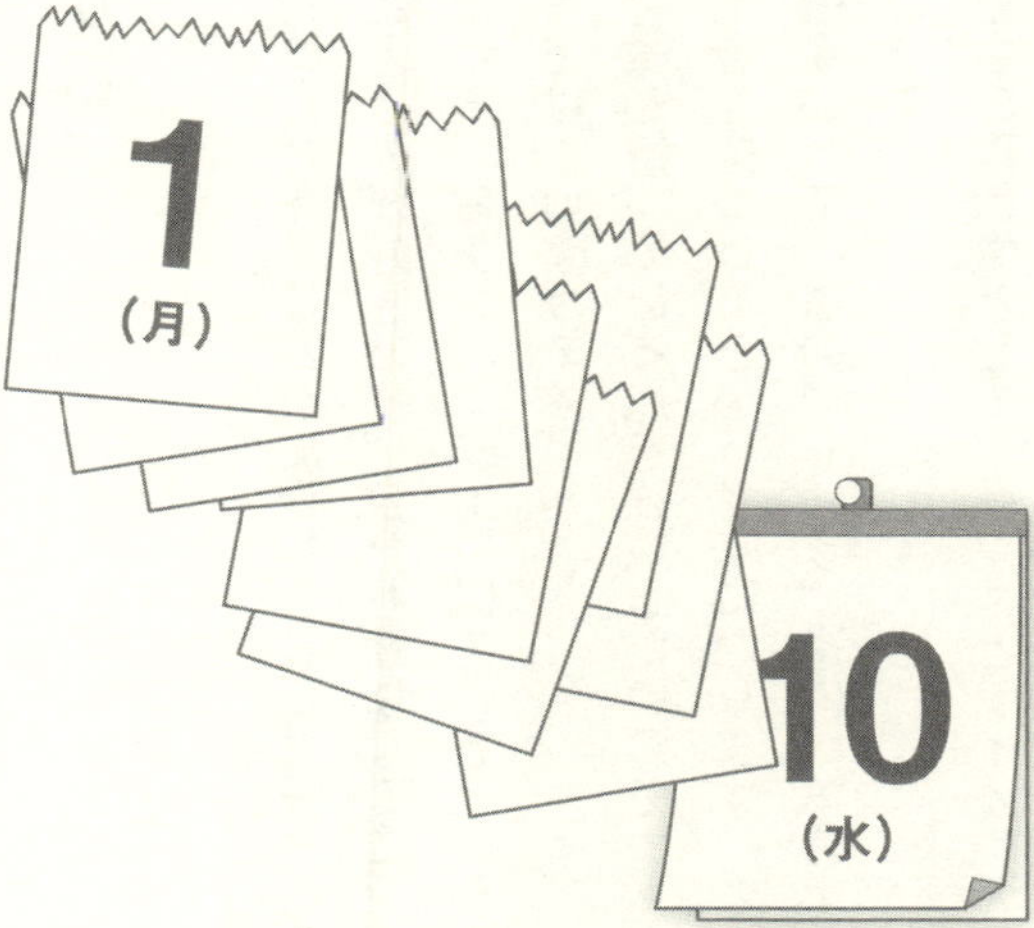

lesson 1

動物のメタファー

的確に対象の特徴をつかむ

かつて「動物占い」という名目で、人を動物にたとえることが流行りました。干支もそうですが、人間はなぜか自分を他の動物にたとえるのが好きです。自分も動物なのに。それでいうと、猿やチンパンジーが一番近いのだから、皆チンパンジーに似ているということでいいと思うのですが、どうもそういう趣旨ではないようです。

そうではなくて、人間にはない他の動物の特徴を持っている点を強調したいのです。たとえば、オオカミのようだといえば、冷酷に他者を傷つけるという意味になります。この場合、小動物を無慈悲にも襲うオオカミの特徴をいっているのでしょう。逆に、羊のようだというときは、おとなしさを意味しているのです。

イタリアの政治思想家マキアヴェッリは、君主の理想像として、キツネとライオンの両方の能力があるといいといっています。これもメタファーです。つまり、キツネは狡猾《こうかつ》で、ライオンは強いからです。

この例のように、実は人間にとってあらゆる動物が何かのメタファーになっているわけです。それはどの動物も人間に比較して、固有の特徴を持っていることに起因しています。

そこで、そんな動物のメタファーを思考に活用してみたいと思います。

つまり、動物の特徴をよく把握したうえで、あらゆる人、そして物も含めて動物にたとえるようにしてみるのです。そうすることで、より的確に対象の特徴をつかむことができるようになると思います。強い印象が残るのも利点です。

先に述べた、生年月日から動物を当てはめる「動物占い」は、まさにそうした発想からできています。動物を使って、いろいろなものをラベリングしていくのです。マニアックな動物にまで手を広げれば、相当の分類ができるはずです。なにしろ動物は一〇〇万種類以上いるそうです。

ちなみに私自身はフクロウにたとえられるのが好きです。なんといっても知の象徴ですから……。

lesson 2

レンズ思考

極端なサイズに変えて意外な発想を導く

極端に大きい、あるいは極端に小さい野菜が話題になったりします。人もそうでしょう。まったく同じものでも、サイズが極端になると、まったく別の意味合いを持つのです。これは私たちの頭の中に、標準的なサイズのイメージがあるからだと思います。

しかもそれはだいたい同じ文化の中で共有されています。日本であれば、標準的なきゅうりやトマトのサイズはこれくらいと決まっているのです。だから時々極端に大きかったり、小さかったりするものが採れると、いかにも珍事が起きたかのように盛り上がります。

そこで、この現象をうまく思考に活かしてみてはどうかと思うのです。つまり、あたかもレンズを使ってサイズを変えるかのように、なんでもサイズを極端化してみるのです。名づけてレンズ思考。そうすることによって、意外な発想が可能になり、日常をもっと面白くすることができるのではないでしょうか。

試しに、身の回りにあるものを頭の中のレンズで大きくしたり、小さくしたりしてみてください。ちょっとやそっとじゃなくて、極端にサイズを変えるのがポイントです。たとえば、パソコンが指先くらいのサイズだったら？　操作できない？　音声でやればいいですよね。新しい商品になるのではないでしょうか。

サイズが変われば、別のものになることだってあるわけです。クジラの小さいものがイルカと呼ばれるように。実はクジラとイルカってサイズの違いなんですよね。もちろんサイズが変われば用途も変わります。だからこそ新しいアイデアとして活用できるのです。

レンズ思考のポイントは、頭の中でどれだけサイズを柔軟かつ大胆に変えられるかです。一八世紀初頭に名作『ガリヴァー旅行記』を書いたアイルランドの作家ジョナサン・スウィフトは、きっとある種のレンズ思考を身に着けていたに違いありません。ハイテクの時代を生きる私たちは、もっとすごいレンズで世の中を見つめるべきではないでしょうか。

lesson 3

キラーパス習慣

ゴールに向かっての連携

キラーパスとは、サッカーなどで、意外な角度から出す鋭いパスのことです。これによって相手は翻弄され、シュートに結びついたりします。どんなスポーツでもそんなパスを出すことが可能なわけですが、実はスポーツに限らなくてもいいと思うのです。

私たちの日常はスポーツのゲームのようなもので、誰かと連携しながら生活したり、仕事をしたりしているはずです。一つの目的（ゴール）に向かって、互いに協力し合いながら、頑張っているはずなのです。

だから一つひとつの行動は、パスを出すのに似ているように思います。たとえば仕事で、うまくプレゼンできない後輩にキーワードを伝える。それによって、急にプレゼンの調子がよくなったとしましょう。このキーワードを出した行為がまさにキラーパスなのです。

そこで、キラーパスを習慣づけることをおすすめしたいと思います。常にスポーツの試合をイメージして、どうすれば仲間がゴールできるか考えるのです。ここでは習慣づけがポイントです。というのも、いつチャンスが回って来るかわからないため、常に準備しておくことが求められるのです。だから習慣づけがいるわけです。

中には、サッカーの経験がないからタイミングがわからないという人もいるかもしれません。これは何もスポーツ経験などなくても可能です。あくまでイメージですから、一度でもサッカーの試合をテレビで見たことがあれば、わかると思います。大事なのは、常に自分が主役になろうとしないことです。

サッカーに限った話ではないですが、チームスポーツの場合、常に自分がシュートしようと思うと、うまくいかないことがあります。たいていの仕事はチームで行うものです。職場で毎回エースストライカーとして輝く必要などありません。ぜひキラーパスで輝く習慣をつけましょう。

lesson 4

魔法化

ビフォー・アフターで魅了する

アメリカのテレビドラマ『奥様は魔女』からプリキュアシリーズまで、魔法アニメは時代を越えて子どもたちを魅了しています。それはもちろん、魔法によって不思議なことが起こるからですが、それだけにとどまりません。

現実の世界では、不思議とまではいえなくても、劇的な変化があるようなときにこの言葉を使います。魔法のようにきれいになるとか、魔法のように片づけられるというように。するると、不思議なことに、あたかも魔法にかかったような気になるのです。

つまり、魔法という言葉を使うだけで、不思議な効果が生じたような気になるわけです。その意味で、魔法とは文字通りマジカルなキーワードなのです。

そんな魔法を思考法に応用してみるとどうなるでしょう。まず考えられるのは、劇的な変化を強調したいときに形容として用いることです。また逆に、言葉の表現だけでなく、実際に魔法のような不思議な現象を演出することも考えられます。

これは実際に非合理なことを起こすというのではなく、あくまでそうした劇的な演出をするということです。人は劇的な変化を見せられると、夢中になるものです。家のリフォームやメイク、亭主改造あるいは整形などのいわゆるビフォー・アフターもののテレビ番組が受けるのはそうした理由からです。

美しくないものと美しいものの落差が人を感動させます。落差は大きければ大きいほどいいのでしょう。だからテレビでは極端な演出がなされます。あれも魔法化思考ですから、責めるわけにはいきません。

誰しも変身願望があるものです。それを目の前で見せられると、自分に重ねて感動するわけです。魔法化はそんな人々の心を代弁するもので、夢の疑似的代行をしているといってもいいかもしれません。

だから魔法を使った人気の物語に多いのは、汚くてみすぼらしいものが、美しく豪華に変身するパターンなのです。シンデレラのように。ぜひこのパターンで王子様ならぬ、社内外の人の心をわしづかみにしてみてください。

lesson 5

怒りの公的使用

賢くしっかり主張する

ドイツの哲学者カントが、理性の私的使用と公的使用という言葉を使っています。理性の私的使用というのは、言葉の表現とは裏腹に仕事で理性を使うことを指し、この場合は理性の使用が制限されるといいます。逆に、理性の公的使用は、世の中のために理性を使うことで、この場合は制限されることはないというのです。

少し難しいですが、簡単にいうと、仕事はきちんとやって、世の中のために発言するときは、自由に言論を行使しなさいということなのでしょう。私はこれを怒りに適用しています。

つまり、怒りについても、私的使用と公的使用を区別し、仕事で怒るときは制限があってもいいけれども、世のために怒るときは、制限されるべきではないと考えるのです。仕事で腹が立っても、会社をひっくり返すほどのことをするべきではないでしょう。でも、世の中がおかしいなら、場合によっては革命を起こすことも求められるはずです。

そんな怒りの公的使用を常に念頭に置いて、一人ひとりが怒るべきときにしっかりと怒り、自分の意見を表明することが重要です。そうでないと、世の中は声の大きい人たちの好きなように変えられてしまい、結果、私たちも損をするのです。近頃怒ることはダメなことのようにいわれますが、決してそんなことはありません。要はそれが怒りの公的使用になっているかどうかです。

したがって、正しく怒るには頭を使う必要があります。その意味で、怒りの公的使用もまた思考法だといえます。感情に任せて怒っているだけだと、自分にとっても社会にとってもマイナスです。

たとえば、会社で不正を見つけたとしましょう。この場合は、怒りの私的使用が適用されるので、すぐに会社をつぶしてしまうような軽率な行動をとってはいけません。まずは、内部のコンプライアンス窓口などに相談するのです。しかし、社会の不正を見つけた場合は、堂々とデモでも行って正しい主張を訴える必要があるわけです。その際、がなりたてるのではなく、冷静かつ論理的に訴える必要があることはいうまでもありません。

lesson 6

心身同一論

「コラダ」の概念でとらえる

フランスの哲学者デカルトは、心は特別だとして、身体と切り離してしまいました。これに対して、フランスの思想家メルロ=ポンティは、後に心と身体がつながっていると論じています。

私はメルロ=ポンティの議論に与《くみ》します。というのも、そもそも心なんてどこにあるのかよくわからないからです。私たちが日ごろ心と呼んでいるのは、悩であって、それは神経を通じて全身とつながっているのです。いや、両者は不可分であるとさえいっていいでしょう。

だから区別する必要はないし、そんなことは不可能なのです。だって、心が落ち込むと、身体に不調をきたしますよね。その逆もまたしかりです。そこでかねてより私は、心と身体を一つのものとしてとらえ、「コラダ」と呼んできました。

同じものなのだから、区別する必要はないとの考えからです。心身を同一のものであるコラダととらえることで、私たちの日常は大きく変わってきます。たとえば、身体検査は心も含めて測定することになり、スポーツにも心の部門が入ってくるかもしれません。

もちろん哲学の世界にも影響があります。哲学は頭でやる学問だと決めてかかっていますが、決してそんなことはなくなるわけです。心身同一論によってコラダという概念を設定した以上は、身体も考えると発想することになります。えっ、手や足が考える!?

意外に思われるかもしれませんが、手足もちゃんと考えるのです。物事を考えるとき、自然に指が動いていることはありませんか？　あれは意識して動かしているのでしょうか？　そんなことはないはずです。脳と同じように、あるいは脳より先に、手が考え始めているのです。

このように、心と身体は同じものなので、どちらも同じくらい大事だということになります。だから、心が病んだらもっと身体をいたわりましょう。そして、身体が疲れたら、心を癒すようにしましょう。これによって、鬱も過労死もなくなっていくはずです。皆さんも、コラダを大切にしてくださいね。

lesson 7

古代主義

レジリエンスを獲得する

未来や宇宙に思いを馳せる人はたくさんいますね。でも、それと同じくらい、古代に思いを馳せている人たちもいるのです。かくいう私もその一人です。昔から、古代エジプトのピラミッドを探索するドキュメントなどに釘付けになっていました。先にも触れましたが、恐竜のような古代生物も大好きです。

古代が好きな人は、皆ロマンを抱く人たちです。古代は現代社会と異なり、雄大でスケールが大きいイメージがあります。人々ももっとゆったりとした時間の中で過ごしていたことでしょう。そういう部分での憧れがあるのかもしれません。

また、遠い昔であることから、未知の世界への憧れという側面もあります。これは同じ未知の世界でも、未来や宇宙がまったくの謎に包まれており、存在するかどうかもわからないのに対して、過去において現実であったという大きな違いがあります。

古代の場合は、かつてそういう時代があったという証拠がたくさん埋もれているのです。

それを発見する喜びは、自分の存在のルーツを確認する作業にも似たたしかなものです。自分が遠い昔につながっていることを感じることができるのです。

したがって、古代の視点を入れて物事を見たり、考えたりすると、なんでも大きなスケールの枠の中でとらえることが可能になります。それでいて同時に、しっかりと歴史の軸のうえに物事を位置づけることができるのです。

そもそも古代の生活は原始的だなどといいますが、それは決してレベルが低いということではありません。英語で原始的というのはprimitiveです。この語には「基本となる」という意味もあるのです。つまり、古代主義は物事の基本に立ち返るということでもあるわけです。

往々にしてそれは、現代人の失ってしまった強靭さに目を向けることを意味します。単純な話ですが、彼らは裸足で生活していても平気でした。ところが私たちは裸足で歩くとすぐ足が痛くなります。古代主義とは、心身ともにあらゆる点で強靭さを取り戻そうとする思想だということができるでしょう。

最近は、強靭さをレジリエンスなどと呼んで重視する傾向があります。社会が弱体化していることに対する危機感の表れでしょう。だから今こそ古代主義なのです。

lesson 8

非公式思考

名もとり、実もとる

公式記録、公式グッズなど、公式と聞くと安心します。つまり、正式に認められたものだからです。ところが面白いことに、私たちは非公式という言葉にも惹かれることがあるのです。

非公式の情報と聞くと、何かすごい秘密が隠されているような気がしますし、自分だけがそれを知れるのではないかというお得感も味わえるのです。実際、非公式であるということは、大きな組織や権威ある人がしっかりとチェックしたわけではないので、刺激的な情報や内容が含まれていることがあります。いわばアンダーグラウンドな匂いがするのです。

非公式であるがゆえに話題になったものは、たくさんあります。一部のゆるキャラもそうですし、アイドルもそうです。周囲も非公式といいながら、暗黙のお墨付きを与えているのです。そのほうが有益だからです。非公式であるため過激なことができるうえ、ＰＲ

になる。結局、非公式なものを非公式のままうまく活用することで、本来それを認める側のほうにもメリットがあるわけです。

これはもはや非公式思考ともいうべき思考法だと思います。あえて公式認定せず、非公式の利点を活用しているわけですから。つまり私たちが物事を考えるときも、この二つの側面をうまく使い分ければいいのです。

表向きには公式なもので、きれいに繕う。こちらは体裁重視です。したがって、間違いがあってはいけません。中身より形式重視で、多少質が落ちることは気にしてはいけないのです。しかし、実をとるために、その反面非公式に事を進める。そこで元をとればいい。こうすることで、表向きにも評価され、裏でも実をとるというベストな結果をもたらすことができるのです。これが非公式思考の意義です。

面従腹背《めんじゅうふくはい》というのはこうした非公式思考の一つのあり方かもしれません。表向きはうまく従っておいて、波風立てずに実をとるわけですから。たとえば、表向きは上司にさからわないようにして、うまく自分のやりたいことを進めるというふうに。勝つためには多少のずる賢さも必要なわけです。

lesson 9

レガシー効果

過去の成功体験を活かす

レガシーとは「過去の遺産」という意味です。何事もうまくいったからには、そのまま放置しておくのはもったいないものです。あらゆる人間の営みは、意識と工夫次第で、成果として永遠に活用することができるものです。

大量消費の使い捨て文化に慣れきったせいか、イベントでも箱ものでも、目的を果たしたら見向きもしないということが多すぎます。環境のことを考えると、むしろ後にどう活用するかをメインにしてもいいくらいです。

さすがに最近は箱ものについてはそういった視点も出てきていますが、無形のイベントについてはまだまだです。でも、一度何かをすれば、必ずノウハウが蓄積されるものです。それをレガシーとして活用し、次に似たようなイベントをするときの知恵にすればいいのです。そのまま活かすもよし、応用するもよしです。

無形文化遺産や世界遺産のレベルにまで行かずとも、身の回りの自分のかかわっている活動をそんな視点で見直してみてはいかがでしょうか？　そのためには、しっかりと記録をとっておく必要があります。

とはいえ、いちいちノートをつけるのも大変でしょうから、スマホで写真を撮っておけばいいのです。それだけでも十分役立ちます。なんでも写真を撮っておくだけで、ギャラリーはレガシーの宝庫になるはずです。記念撮影として構えると選んでしまいがちですが、レガシーのためと思って片っ端から撮ってくださいね。

こういう発想を持つと、日常の振る舞いも変わってきます。なんでも後で使えるという視点で見るようになるからです。そして、逆に、後で使えるように整理しながら生きるようになるのです。もちろん、何もかもきちんと整理するのは不可能です。だからゆるくでいいわけです。ゆるい整理をしておくのはそう手間ではありません。その割に効果絶大なのです。

たとえば、私の場合、新聞や雑誌で読んだ記事は、必要と思えば切り抜いて箱に入れておきます。会議の資料も必要な部分のみ、その同じ箱に入れておくのです。ネットの記事も同様です。大事なことは、自分のわかるところに残しておくこと。いざというときに探せるように。いつも見るわけではないので、それだけで十分なのです。

lesson 10

アシンメトリー化

脳に刺激を起こす

左右非対称のアシンメトリーの髪型をしている人がいます。昔だったら自分で散髪して失敗したのかと思うところですが、今ではそれがファッションになっているのです。

どうもアシンメトリーだとおかしいような気がするのですが、実は人間にはそのほうが向いているのです。よく見るとわかるように、人間は左右対称ではありません。顔も右と左とでは少し異なりますし、左脳と右脳も機能が異なります。左右の手足もまったく機能が違うのではないでしょうか。利き手・利き足があるのはそのせいです。

だから左右同じものを見ると落ち着かないことさえあります。まるで鏡を合わせたような感じになるからです。だからなんでもアシンメトリーにしてみることを提案します。

メリットは少なくとも二つあります。一つは、二種類の見た目を楽しめるということ。アシンメトリー・ファッションがそうであるように。これだけでも十分大きな利点だといえます。見た目が楽しいと気持ちが高揚します。私たちがデザインを重視するのはそうした理由からです。その意味で、アシンメトリー思考は日常を楽しくする思考でもあるのです。

もう一つは、脳が活性化するということです。左右異なるものを考えたり、使ったりしていると、脳が刺激を受けるのです。これはより重要な利点であるといえます。アシンメトリー思考によって、脳が活性化されるとすれば、アイデアもたくさん湧いてくるでしょう。つまり、よりクリエイティブに発想できるということです。だからアシンメトリー思考はクリエイティブ思考でもあります。

何より、人は刺激を受けるといいことがたくさんあります。人間というのは刺激によって生かされているようなものなのですから。試しに身の回りにあるものをアシンメトリーにしてみてください。たとえば、お箸の長さを一本ずつ変えたり、食器の左右の形を変えたりするのはどうでしょう。食事が刺激的になりませんか？　刺激を受けると、食欲も湧いてくるに違いありません。私の場合、これ以上食欲が湧くと困るのですが……。

[おわりに]

思考法は人生の大事なツール

私が本書で試みたのは、思考法を生み出すということです。

物事を考えるには何らかの方法があって、私たちはその方法にしたがって思考しているのです。そうした思考法は学校で学んだり、本で読んで学ぶわけですが、その数は限られています。

そもそも思考法そのものを学ぶ授業自体、そんなにありません。

高校までの授業なら、せいぜい国語で基本的な論理的思考を学ぶか、倫理で思想を学ぶかといった程度でしょう。

大学に行けば、哲学を専攻することで、ある程度の思考法は学べると思います。あとは大学院でＭＢＡでも取るコースに行けば、ビジネスに必要な思考法を学ぶことができるでしょう。

だから哲学を学んだ人やＭＢＡを取得した人は、思考法の意義を知っているのです。

数学だけを扱うわけではないので、数学の公式のようにはいきませんが、それでも思考法をツールのように使って、難問を解くということは可能になります。

ただ問題は、哲学やＭＢＡで学ぶ思考法は、数が限定されているということです。にもかかわらず、世の中にはどんどん新しい問題が出てきます。中には、既存の思考法では解けない問題もあるかもしれません。

そこで、思いついたのが、思考法自体を生み出していくというアイデアでした。

つまり、世の中に出てくる新しいテクノロジーや、すでに身の回りにあるものも含めて、何もかも思考法としてとらえなおしたらどうなるか。もう無数に思考法が誕生することになります。

そうすると、無数に生起する問題に対しても対処できるのではないかと思うのです。

何より、思考法を生み出すというのは、とても刺激的で、楽しい作業です。まるでこの世に新たなツールを生み出すかのような感覚にとらわれます。発明の喜びに似ているかもしれません。

ぜひ皆さんも、本書で新しい思考法をマスターするだけでなく、次は自分で思考法を生み出してみてください。

さて、すでにお気づきの方もいらっしゃるかもしれませんが、本書は2014年に『入社3年目からの問題解決』というタイトルで出した単行本を、新しいタイトルのもとに新書化したものです。実業之日本社の田口卓さんが、より多くの方に読んでいただけるようにと、新書化の提案をして下さいました。この場をお借りしてお礼を申し上げたいと思います。

そして最後に、本書をお読みいただいたすべての方に感謝いたします。

小川仁志

著　者　**小川仁志**（おがわひとし）

1970年、京都府生まれ。哲学者・山口大学国際総合科学部准教授。京都大学法学部卒、名古屋市立大学大学院博士後期課程修了。博士（人間文化）。米プリンストン大学客員研究員（2011年度）。商店街で「哲学カフェ」を主宰するなど、市民のための哲学を実践している。専門は公共哲学・政治哲学。著書に『７日間で突然頭がよくなる本』（PHP研究所）、『仕事が変わる哲学の教室』（KADOKAWA）、『「まいっか」というだけで幸せになる』（自由国民社）等多数。

※本書は『入社３年目からの問題解決』（2014年12月、小社刊）を加筆修正のうえ、新書化したものです。

じっぴコンパクト新書　304

「哲学《てつがく》」思考法《しこうほう》で突然頭《とつぜんあたま》がよくなる！

2017年2月10日　初版第1刷発行

著　者……………………小川仁志
発行者……………………岩野裕一
発行所……………………株式会社実業之日本社
〒153-0044 東京都目黒区大橋1-5-1 クロスエアタワー8階
電話（編集）03-6809-0452
　　（販売）03-6809-0495
http://www.j-n.co.jp/
印刷・製本………………大日本印刷株式会社

ISBN978-4-408-45624-9（第一趣味）